CORE HEALTH

8 SIMPLE STEPS TO CREATING A HEALTHIER, FITTER AND BALANCED LIFE

超体能健身

造就超级体能的8分钟

8 周 健 康 计 划 ！

[英]托尼·尼克尔森/著　李哲峰/译

吉林科学技术出版社

推荐序一

托尼不只改变了我，还改变了我的整个家庭。遇见托尼之前，虽然我也先后请过几个私人教练，但他们都不能让我保持兴趣。然后我遇到了托尼，他的热情、正能量和智慧激活了我们所有人。事实上，刚开始接受托尼的训练时，我只能做 2 分钟的平板支撑，而仅仅过了一年，我不仅能够做 51 分钟的平板支撑，甚至还成了中国版《男士健康》杂志的封面人物。托尼激发了我们全家人的锻炼热情，我 16 岁的儿子如今正在全力以赴地准备打破他们学校的健身记录，而我 10 岁的女儿则带领我们的晚宴客人，一起做了 7 分钟的餐前锻炼。

托尼的方法非常有效，因为他会讲授整体健康的重要性，包括生理、营养和心理等多个层面。他不仅会告诉你该吃什么，还会教你一套涵盖身体和情绪健康的哲学理念。他总是以身作则地挑战和激励自己的学生。虽然我们都想过要是能早些遇到托尼就好了，但我们还是很高兴他能在我担任美国驻华大使期间进入我们的生活。如今对我来说，托尼不仅是一位教练，他还是——而且将永远是——我的好朋友。

美国前驻华大使　骆家辉

我通过朋友结识托尼是今年四月的事情，那时候他已经是有名的明星教练了，他有一张长长的客户名单，其中不乏政要、大使、商界领袖和影视明星。而我对这些不感兴趣，我只是想找一个称职的好教练。经过最近一段时间的接触，我发现托尼之所以对指导有影响力的人如此热衷，是因为他心里装着健康的理念，希望通过这些明星的参与，将他的健康理念传达给更多人。我于是帮助他在华彬庄园成功地举办了一场 Health Retreat 倾听身心健康的研讨会，到会的几百人在课程结束后，都对如何更加健康地生活有了更多的认识。看到这么多满意而归的学员，我心里知道我也找到了一位好教练。

华彬集团董事长　严彬博士

o 书中故事均取自真实客户的经历，为保护客户隐私，书中姓名均为化名。

o 书中介绍的健身方法意在为追求健康体魄的读者提供有益指导，请勿视为医学忠告。

o 在遵从书中建议改变饮食习惯，或开始锻炼前，请务必事先咨询医师。

一场意外
和我的找回自我之旅

2008 年 10 月 31 日，晚 11 点，迪拜。当时，我正在父亲的公寓，为申请加入皇家海军陆战队做准备。突然，我看见父亲冲到我门口，一脸痛苦。我一跃而起：“爸，你怎么了？”他紧紧抓着胸口，摇摇晃晃地朝我走过来：“医生！快！找医生！”

我一下子吓傻了！父亲身材壮实，一向没什么大毛病，而且他一直认为人体能够自然痊愈，所以从不主动找医生，这次看来情况不妙！

我赶快冲过去扶住他，把他拖进电梯。此时他已经意识模糊，嘴里不停念叨：“我的天！ Tony，太难受了！”当时我并不知道死亡是怎么回事，但却从父亲眼睛里看见了死神的身影。我流着眼泪说道：“爸爸，坚持一下！千万别走……不要丢下我……”

电梯一停，我立刻背着他冲到车上。当时我脑子里只想着一件事：马上去医院！我不能失去他！我发动了汽车，却不知道该往哪儿开——我根本不知道医院在哪儿！父亲给我指了指方向，我左手抓着方向盘，右手按住他的胸口，朝着他指的方向全速前进。我一边避开路上的汽车，一边冲他大喊：“爸爸，不要丢下我！千万别死！不要离开我！”

终于，马上要到医院了，父亲却突然开始吐血！我猛踩一脚油门，直接冲到医院门口。父亲大喊一声：“Tony！”然后就没声音了。车厢里一片沉默，我仍按着他胸口，感觉他的心脏仿佛已经停止跳动。

我跳下车子，大声求救：“快！医生！救救我爸！救救我爸！”我拽开车门，把已经失去意识的父亲抱下车来。他的心脏已停止跳动。在医生把他从我手里接过去的一瞬间，我的大脑一片空白。

我感觉整个世界七零八落。我只能站在那儿，看着医生把爸爸送进抢救室，猛捶他的胸口，试着让他的心脏重新跳动。

在那一刻，我的人生永远改变了！

那天晚上，医生暂时保住了父亲的性命，但他却再也无法恢复意识了，医生诊断是突发心肌梗死所致。在接下来的三个月里，我只干了两件事：一是守在病床边，看着父亲的身体慢慢地萎缩到原来的一半大小，二是四处筹集医药费（因为父亲没买保险）。

三个月后，父亲过世了。这三个月的陪护生活和父亲的过世让我的身心付出了巨大代价。我被击垮了！我万万没有想到，人的生命竟然如此不堪一击。既然生命随时可能结束，我们的努力还有什么意义呢？我不知道接下来该干什么，我失去了自我，失去了人生前进的方向。

最终，我决定重返中国（此前我曾在中国读书）。但在接下来的两年里，我诸事不顺，过得一塌糊涂，好像所有人都在跟我作对。我没有工作，没有积蓄，也没人愿意借给我钱。我感到极度孤独，开始埋怨所有人。我觉得自己的人生没有任何意义。

后来，我遭遇了一场摩托车事故，身受重伤，但万幸的是，我活了下来，这次受伤让我开始认真审视自己。我发现，自己真是糟透了：身心疲惫，超重13 千克。怎么能这样？就在那一刻，我做出决定——颓废到此为止，我再也不要这样过下去了！我的人生走到了一个转折点。

很快，一则12周塑身大赛的消息吸引了我，我立马报名参加并下定决心要拿冠军。这个目标让我心潮涌动！我要告别这几年浑浑噩噩的日子，我要拥有健康的体魄，避免重蹈我父亲的覆辙。就这样，父亲去世后，我再次找回了生活的目标和意义！

为了实现目标，我开始想尽一切办法学习各种塑身方法。我的训练是秘密进行的，因为每个人都觉得我是个怪人，认为我是在追逐一个根本不可能实现的梦想。我像台机器一样严格管理自己，精心控制每一样送到嘴里的东西。我决定正确吃，拼命练，玩命拿第一！

每天晚上，我都会花几个小时阅读一些鼓舞人心的书，逐个清理头脑中的每一个区域。随着阅读的深入，很快，我感受到了意志的强大力量。我渐渐发现，出问题的不是身体，而是我的头脑和内心——我失去了我的核心！每个人都在用自己的内核把意志、身体和精神联系在一起，但我却失去了这种联系。

现在你手中捧着的这本书，记录了我寻找自我核心的整个过程：我是自己的第一个客户。运用书中的方法，在12周时间里，我成功减重13.6千克，腰围缩小20.3厘米，体脂含量从24%减到8%。我赢得了塑形大赛"最佳男选手"和"整体效果最佳"两个奖项。我成功了！

但我意识到，这次比赛带给我的真正收获不是奖金，而是一种全新的生活方式。在这个过程中，我找回了自己的核心！

目录
CONTENTS

CHAPTER 01

从一次对话开始

> 天之道，损有余而补不足。人之道，则不然，损不足以奉有余。孰能有余以奉天下，唯有道者。
>
> ——老子

北京。某高端健身会所。我在等待一位新的客户来上他的第一节健身课。这次的客户李先生是一位声名显赫的投资大佬。

我与李先生素未谋面，是他的朋友，也是我的客户介绍他来找我的——因为这位朋友相信我同样能让李先生重拾健康与活力。很快，背后传来开门声，我转过身，看见一个肥胖的中年人站在门口看着我，好像很犹豫。最终，他用英语说了声“Hello”，我用中文回应了他，这使他愈发吃惊。“你是 Tony，还说中文？”他问道。

我用中文告诉他：“没错，您是……李先生吧？您想找一位健身教练？”

“是的。不好意思，”李先生说，“我压根儿没想到你是个身高一米九的黑人，还操着一口洋味儿普通话，所以有点吃惊。”

我微笑着安慰他：“没关系，大部分人见到

我时都是这样的反应。”

简单寒暄几句之后，李先生开始大倒苦水：“我今年 50 岁，跟太太生活在一起，我们有个儿子。周围所有人都笑我太胖，就连我太太和朋友们也都笑我。我想锻炼一下，因为我连逗我孩子都有些吃力了。我年轻时很清瘦，所以我知道我能瘦下来。但过去 30 年的生活让我攒下一身肉，其实周围许多朋友都有同样的问题……”

我继续倾听，李先生开始讲一些他觉得有必要让我知道的趣事。

“上世纪 60 年代，中国人还在忍受饥荒之苦。与近半个世纪前的光景相比，你知道今天的中国发生了多大变化吗？”他跟我谈了谈自己之前读过的几本书，其中包括保罗 · 弗伦奇（Paul French）的《富态：腰围改变中国》（*Fat China: How Expanding Waistlines are Changing a Nation*）。

这本书记录了在一个相对较短的时期里，中国人的生活方式发生了怎样的变化。保罗 · 弗伦奇写道：加工食品增多，锻炼减少，越来越多的人搬进城市，越来越多的人开始“发福”。

李先生说：“我因为自身的问题特意阅读了这本书，读完之后，我完全赞同书里

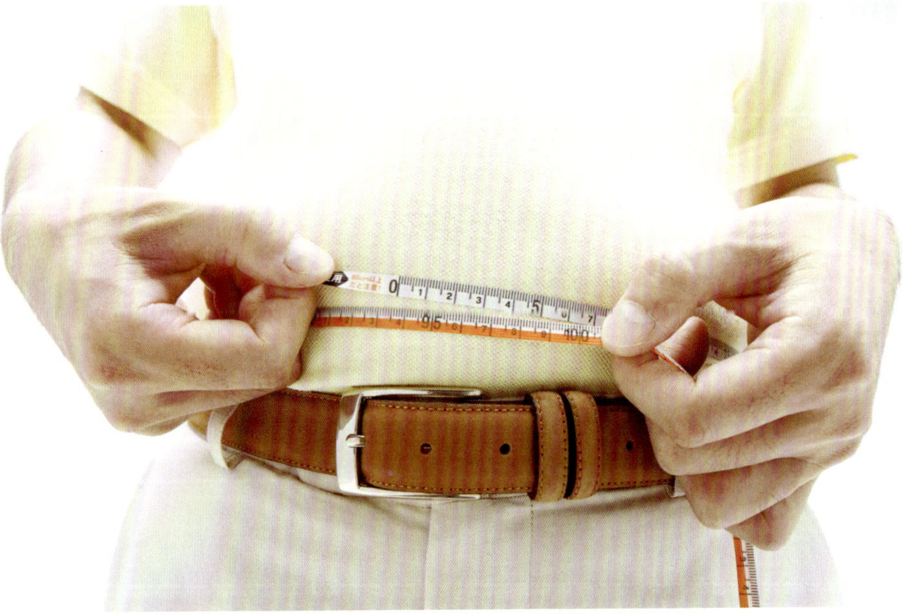

的观点，因为我亲身经历了这一过程。我知道我正在发福，也知道我为什么超重、肥胖。在今天的中国，许多人都可以想吃什么就吃什么。年轻时，我们一无所有，现在要什么有什么。”

我对李先生说：“一个人需要健康的身体来承担对家庭的责任，你可能的确要什么就有什么，但这些不正在损害你的健康吗？从这层意义上讲，你的暴饮暴食正在伤害你自己。要知道，糖尿病、心脏病、癌症这些疾病都与过量饮食，尤其是肥胖密不可分。”

李先生叹了口气：“没错，交通大学 2011 年发布过一份有意思的报告，声称由于缺乏锻炼，加之过量摄入快餐，中国儿童肥胖率在过去十年间上升了 24%。与此同时，BMI（Body Mass Index，身体质量指数）超重的儿童人数已经占到了中国儿童总人数的 39%。目前，中国有超过九千万名糖尿病人——差不多每十个成年人中就有一人得了糖尿病。”看来肥胖所带来的健康问题已经引起了李先生的重视和警觉。

“Tony，我希望你能帮我找回活力、重塑身材。所以我想健身，也算给孩子树立一个好榜样。”

我告诉李先生：“完全没问题！另外，我的健身方法同样适用于孩子，可以帮助他们合理调整饮食，让他们身体强壮、学业进步、人际关系融洽，并对自己充满信心……”

就这样，经过一段时间的训练之后，我成功地改变了李先生的生活，让他重焕健康活力，生活和事业也因此受益。

亲爱的读者，我相信，李先生能做到的，你也能做到！既然我成功地帮助了李先生，就一定也能帮助你。让我们开始行动吧！

你能从本书学到什么？

本书将通过 8 个简单的步骤，帮助你重返自己的最佳状态。这套健身计划十分简单，不用花太多钱你就能达到健身的目的，让生活重回正轨，并且终生受用。

在完成了这 8 个步骤后，你会更加健康和强壮，并感到满足。

首先你需要做一些简单的思想练习，然后冥想一分钟。没错，**冥想一分钟！**

此外你还需要遵守营养搭配8原则，并根据这套原则规划自己的饮食。这套原则简单易行，而且效果十分明显。

然后你还需要用8分钟时间来锻炼身体。没错，不需要借助任何器械，只要依靠自身体重，最多再加上一把椅子，就可以随时随地进行锻炼。每天只要8分钟，再辅以合理的饮食计划，就能让你成为你想象中的自己。

我保证，这套健身计划能让你身体健康、体形改善、活力倍增，身材苗条，你将会感到身心愉悦，无所不能。

在开始健身计划之前，你需要掌握自身的健康状况，并对自己的状态进行评估。对着镜子问问自己，你对自己是否有不满意的地方？你的身体处于何种状态？你的身体应处于何种状态？你是否对目前的生活方式感到失望？你是否思考过怎样才能保持健康？你知道什么是健康的生活方式吗……

本书不仅是一本健身指南，更是一套综合性的健康方案。它能回答你在追求健康的过程中遇到的各种问题，它将告诉你：

- **你当前正处于什么状态；**
- **你该怎么做才能变得更加健康苗条；**
- **究竟哪些食物才是该吃的；**
- **如何在进食时通过8个简单的改变来提升自己的健康水平；**
- **怎样才能集中精力处理重要的问题，并在这个过程中打造强健的身体。**

你将学会随时随地通过8分钟训练来强身健体，也将找到通往自己内心的路，与此同时，你的思想也将得到有效的训练，能够随时进入一种平稳有力的状态。

在本书当中，我们还会讨论意志的重要性，了解意志对身体和心灵的重要影响。我会告诉你食物将如何影响你的身体和内心，合理进食将如何帮助你保持乐观，保持心态充实满足。

此外，本书还会回答为什么很多人不愿意锻炼的问题，并告诉你如何通过改变自己的思想来改变内心，进而改变自己的身体。

恭喜你，你已经读完第一章，朝着正确的方向迈出了坚实的一步。

只要坚持下去，用不了多久，你就会变得更加健康、强壮，你的注意力会更加集中，工作效率也会更高，你会始终保持愉悦的心情和昂扬的斗志，时时刻刻感觉自己能够征服世界。不仅如此，你的家人也会变得更加优秀，你会拥有更加和睦、健康的家庭关系，从内到外洋溢真正的幸福。

相信我，你完全可以做到这些。

但这需要你付出努力。

如果你觉得这一切是值得的，那就跟我一起动起来吧！

CHAPTER 02

找回核心的8个简单步骤

天得一以清；地得一以宁；神得一以灵；谷得一以盈；万物得一以生；侯王得一以为天下正。

——老子

我来解释一下什么是找回核心。

所谓核心，就是一个人最纯粹、最本真、最原始的状态。

如果你总是心不在焉、身心疲惫、胡吃海喝而且身材走样，那你显然已经偏离了自己的核心；而反过来说，如果你总是身心协调、饮食健康、保持运动、充满活力，那你就是在保持自己最纯粹的状态，这时你就找到了自己的核心。

当你找到核心，处于最佳状态时，你会感觉自己十分完满。

这就是我想通过这本书帮助你做到的。

想想看，你是否在某一时刻突然顿悟到自己的人生目标是什么，突然参透了人生的意义？如果你还没有过这种感觉，那么想想看，你的周围有这样的人吗？

如果你曾看到过某个人总是全神贯注地追求

某个目标、投身于某项活动，并在这个过程中斗志昂扬、干劲十足、活力迸发、灵感源源不断……这就是找到核心的状态。

如果你想像他一样，其实非常简单，你需要做到的，就是遵循以下 8 个步骤。

STEP 1 评估健康状况

在这一步，你将通过回答一系列问题来了解自己的健康水平。我根据一个人的运动和生活习惯将人分为四类：睡猪、憩猴、猛虎、游龙。只要完成我在第三章给出的问卷，相信你就能对自己的生活习惯有个大致定位，然后你可以以此为基础来选择自己的起点。

STEP 2 思考和感恩

“决心，行动，专注，坚持。”

在 12 周塑形大赛中，我不断用这几个词鼓励自己，帮助自己在锻炼时集中精力。我很清楚，统治身体的是意志！要想改造身体、重返核心状态，我必须拥有强大的意志，必须集中注意力，必须克服倦怠等心理障碍，排除万难。幸运的是，在这段时间里，我不知不觉中发现了这世上最强大的心理武器——感恩！

STEP 3 了解营养搭配 8 原则

营养是通往健康之路的关键。为了给身体补充能量、保证身体的修复能力，你需要充分补充身体所需营养。而为了获得身体所需营养，你必须选择恰当的食物。

在这一步，我将教会你营养搭配的 8 个原则，告诉你如何选择保持健康所需的各种食物。

STEP 4 制定饮食营养计划

我将告诉你如何把在第三步学到的知识用于日常生活，帮助你为身体选择正确的食物。

STEP 5 认识 8 组肌肉

我将向你介绍你所要用到的各种肌肉，了解这些十分重要。为了便于理解，我把人体的众多肌肉简单分成了 8 组。

STEP 6 完成 8 分钟练习

每天只需要 8 分钟练习，你就能把身体塑造成最好的形态。这些练习随时随地都可进行，无需借助任何器械，简单到让你无法相信！

STEP 7 帮助孩子

这一步告诉你如何跟自己的孩子一起锻炼。中华文明的妙处之一就在于长幼互爱。你会发现，我的这套锻炼方法将不止给你一人带来益处。

STEP 8 坚持

在完成一个 8 周计划之后，我会告诉你如何让这为期 8 周的训练发挥最大效用，让这 8 周最终改变你的一生。

毫无疑问，所有人都希望自己变得健康。在参加完 12 周塑形大赛之后，我成功地帮助数百人回到了自己的核心状态，帮助他们重新变得健康、愉悦、充满力量、尽享生活，间接帮他们在事业上也取得了更大的飞跃。相信我，这一切你都可以办得到！

CHAPTER 03

评估你的健康状态：懒猪、憩猴、猛虎、游龙

知人者智，自知者明。

胜人者有力，自胜者强。

——老子

为了一生的健康，你必须先了解自己当前的状态。这不仅能让你知道自己的起点，也能让你清楚地看到实施这本书中的健身计划会给你带来哪些变化。

在开始健身计划前，你需要穿一套紧身的衣服（内衣更好），给身体的前面、侧面和后面各拍一张照片。记住，一定要保存好这些照片，它们不仅有很好的激励作用，而且会在 8 周之后成为你最好的参照。

好了，评估开始！

请回答下列问题，从 a、b、c、d 四个选项中选出最符合自己情况的一项。

1. 你如何看待镜中的自己？

a. 我的体型达到了最佳状态。

b. 我的体型还可以。

c. 我的体型有许多缺点。

d. 我讨厌镜子里自己的模样。

2. 你每天工作时干劲如何？

a. 总是活力满满，斗志昂扬。

b. 早晨和快下班时有干劲，中间起伏不定，时好时坏。

c. 常常无精打采，感觉不在状态。

d. 总是没有状态，感觉每天都是在煎熬，从上班熬到下班。

3. 在得知家里的食物不利于健康时，你会扔掉它们，采购更健康的食物吗？

a. 当然。

b. 我会丢掉一部分最不健康的食物。

c. 下次少买点儿。

d. 我不关心这个。

4. 有人向你提出了健康生活的建议，但这种建议与你目前的生活方式不同，你会怎么做？

a. 我会毫不犹豫地听取这些建议。

b. 我会把建议记下来，然后跟朋友们讨论。

c. 我基本不会听这些建议。

d. 无所谓。

5. 为了健康，你会提早上床睡觉吗？

a. 当然。

b. 偶尔。

c. 困了就睡。

d. 我习惯熬夜。

6. 为了健康生活，你愿意锻炼身体吗？

a. 当然，不仅锻炼，我还会坚持下去。

b. 愿意，但估计很难坚持。

c. 可能吧。

d. 没门儿。

7. 你是否觉得健康的烹饪习惯会使你过上更健康的生活？

a. 当然。

b. 我觉得应该是。

c. 我不确定。

d. 还真没有。

8. 你家里是否存了很多薯条、糖果、巧克力之类的零食？

a. 根本没有。

b. 存了一些。

c. 我在每个房间都存了些零食，想吃就吃。

d. 没注意。

9. 客人来你家做客时，你会用什么样的食物招待他们？

a. 我会拿最健康的食物招待他们。

b. 我会把健康的食物和不健康的食物都拿出来。

c. 没想过，有什么就拿什么。

d. 我没有健康的食物，只有那些十分美味的高热量油炸食物。

10. 你多久采购一次食材？

a. 每天都买新鲜的水果和蔬菜。

b. 每周 4 次。

c. 每周两次。

d. 每两周一次。

11. 你家里随处散落着食物吗?

a. 我只在厨房储藏食物，而且只储藏健康食物。

b. 我在不同的房间都放了一些健康食物。

c. 我在不同的房间放了各种不同的食物。

d. 我家各个地方散落着薯片、巧克力等高热量食品。

12. 你在上班或者去其他地方时会带上自己准备的食物吗?

a. 我总是这么做。

b. 我尽量这么做。

c. 我很少这么做。

d. 从不!

13. 你身边有为了强身健体而坚持锻炼、健康饮食的人吗?

a. 我身边所有人都遵循健康的生活方式。

b. 我有一半朋友健康饮食、坚持锻炼。

c. 我认识几个这样的人。

d. 我身边好像没有这样的人。

14. 当你跟人出去吃饭时，你会在点菜时选择健康食品吗?

a. 我总是点健康食品。

b. 我点的食品中大部分是健康的。

c. 能点的健康食品不多。

d. 我根本不关心点的食品是否有益健康，只要好吃就行。

15. 当你跟朋友们谈论与健康相关的话题时，他们是否对你说的内容感兴趣?

a. 我的朋友们十分感兴趣，而且想要知道得更多。

b. 有几个朋友对此感兴趣。

c. 我的朋友们对此并不感兴趣。

d. 所有人都觉得我的话题十分愚蠢。

16. 你如何形容自己目前的身体状态？

a. 极其健康，我很满意。

b. 还算健康吧，但还能变得更好。

c. 我偶尔锻炼，身体状态不算稳定。

d. 不健康，我感觉自己很弱。

17. 你每天在电脑前坐多久？

a.10 ~ 60 分钟。

b. 2 ~ 4 小时。

c. 4 ~ 8 小时。

d. 8 ~ 12 小时。

18. 你是否产生过对健康有害的想法？

a. 完全没有。

b. 偶尔有。

c. 这样的想法不少。

d. 我的很多想法好像都是对健康不利的。

19. 当你参加宴会时，通常都喜欢吃什么？

a. 像鱼肉和鸡肉之类的白肉、蔬菜、汤、水果。

b. 介于 a 跟 c 之间。

c. 像猪肉、油炸食品之类的高热量食物，喜欢加大量调味料。

d. 大量甜食，a 选项中提到的食物并不多。

20. 你对油腻的食物有何看法?

a. 我远离油腻的食物，只有限度地吃一些由橄榄油烹制的食品。

b. 我尽量吃些不油腻的食物，但并不十分在意这个问题。

c. 我喜欢油腻的食物。

d. 我为何要在意吃的东西是否油腻?

分数计算：

统计一下你a、b、c、d各选了多少个，然后对照下面的分类来了解自己属于哪一类人。请记住，这项测试不仅会起到指导作用，还能对你进行激励，让你了解你在实施本书中的健身计划前后的差距。

a 选项最多：游龙

非常好！你拥有良好的饮食和生活习惯，你现在要做的是继续保持这些好习惯。同时，为了再上一个新台阶，我建议你实施本书后面提到的健身计划，这能让你突破自我、更上一层楼。

b 选项最多：猛虎

你已经做好了走向健康生活的准备，这本书将成为你实现目标的利器。

c 选项最多：憩猴

你略微懂得健康的重要性，但对健康生活的了解还不够深入。你可能已经做了一些有利于健康的事情，但没能坚持下来。本书将成为你最有用的指南，帮助你走向完美。

d 选项最多：睡猪

危险！你需要仔细审视现在的生活，目前的生活习惯会让你丧失活力。一般来说，你应该会体重超标，你的衰老程度会超过你的生理年龄，更危险的是，你的患病风险正在增加。本书不仅能帮你拯救自己的生活，更能使你找到获得快乐和满足的方法。

在以后的练习中，你将通过三种方式——你的内衣照、体能水平（8 分钟练习）和每周的体重变化来对自己的锻炼效果进行客观评估。我建议你将这三种评估方式都用上。

与此同时，你还可以把自己的训练进展写进日记，这样你就能知道自己已经走了多远，以及你的付出得到了多大的回报。

之所以让你采用多种评估方式，是因为仅用一种方式评估通常是不准确的。虽然同样是经过 8 周的精神训练、营养调节和身体锻炼，但每个人最终得到的结果都不尽相同。

在读完本书并运用其中的一些原则后，你可以重新对自己做一次测试。相信我，结果一定让你大吃一惊！

准备好了吗？

04 CHAPTER

思考和感恩：从内在开始改变

知足不辱，知止不殆，可以长久。

——老子

对于王林来说，“营养搭配”和“锻炼”是两个十分讨厌的词语，只要一想到它们，他就头疼。所以在开始健身计划之前，我首先要求他记录自己当时的身体状态和饮食习惯，并帮助他思考自己在身体超重、肤质糟糕、无精打采、无人理睬时的内心感受。

在做完这些准备工作之后，我告诉他：要改变外在，首先必须改变内心。要想重塑自己的身材和肤质，首先必须从自己的生活中消除那些负面和颓废的想法……经过几分钟交谈后，王林改变了对“营养搭配”和“锻炼”的看法。在接下来几周内，我不断让他强化这一思考过程。慢慢地，他开始学会感恩，思想也逐渐发生了变化。

你也许会想：“一个人怎么可能变得这么快？”别着急，接着读下去，你马上就会明白思想和感恩的力量和重要性。

我的人生经历告诉我，对一个人的身体而言，最重要的不在于他吃了什么，而是他在想什么，而其中尤其重要的是关于健康的想法。要使营养合理搭配，要使锻炼变得轻松，最重要的是先端正自己的心态，这是一个人实现身体健康的先决条件。在每天结束的时候告诉自己:“我今天的生活是由我今天的思想创造的，我的思想在改变我的生活。”

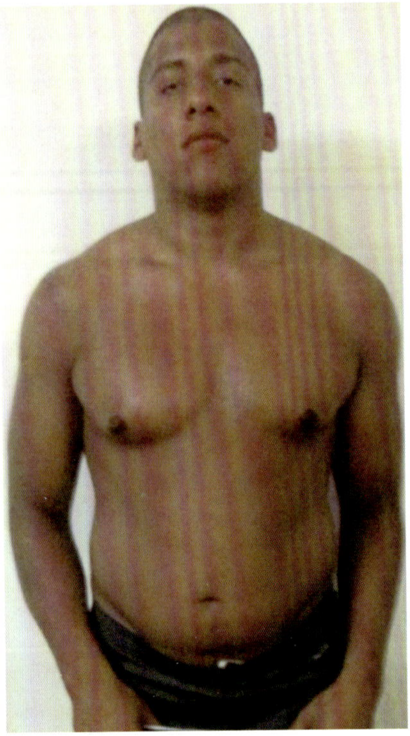

想象一下，**拥有健康的身体是一种怎样的体验？**

想象一下，**经过 8 周锻炼，你会取得怎样的喜人成果？**

想象一下，**一个阳光灿烂的早晨，你悠闲地散着步，喝着鲜榨的蔬果汁，身体里的每一个细胞都被激活，这是一种多么美妙的体验！**

想象一下，**你爬上山巅，感觉生活变得前所未有得美好……**

感受一下你在读上一段话时的心情。虽然还没有开始锻炼，但在读到这段话时，你是否不自觉地动了起来？是否产生了一种奇妙的感觉？是否觉得自己正在变得更加健康、有活力？没错，这就是思想的力量。你刚才体会到的，就是这股力量。

相信我：在正式开始健身计划之前，你需要花些时间来调整自己的思想，这一过程尤为重要。你的心灵是十分强大的，它能推动你达到自己追求的目标，而你现在需要做的，就是点亮自己的思想，释放心灵的力量。

本章将教你如何使积极的思想贯彻始终，成为你的生活方式。当你有了一个好的想法时，你的思想就会把信号发送给身体，接着身体就会动起来，让你变得更棒，你的心灵也将体会到更多愉悦的经历。反之亦然，一旦你有了消极的想法，它也会在你的身体上体现出来。例如，如果你觉得“健康食品准备起来很麻烦，味道也不怎么好，我讨厌这玩意儿”，这种消极的思想最终将回应在你的身体上，你很可能会变得肥胖，出现亚健康症状等。

为了释放心灵的力量，你可以先回答下面几个简单的问题。这些问题将帮助你理清路线，重返健康的生活方式。

Q.1 在健康问题上，你的终极目标是什么？

曾经有一位 53 岁的女士来找我，希望我能帮她延长步行距离，具体来说，她希望每天能步行上下班（她家距离公司大概 5 公里），希望能在爬完楼梯后不再感到疲惫；

一位 63 岁的先生找过我，希望能降低自己的血压和胆固醇，变得更健康；

一个年轻人希望我能让他变得更有活力。他希望能在学校跟大家一起进行各种运动，并在每项运动中都活力满满；

一位 17 岁的女孩找过我，希望我让她的身材变得更好。她希望能在镜子里看到一个充满自信的女孩，而不是每次看到镜子都落泪；

还有一位 35 岁的女士想要生一个健康的宝宝，希望我能帮她保持健康的身体状态。

失去父亲后，我也曾经历过一段十分艰难的时期。后来我给自己定下目标：减去 30 磅，打造一副强健的体魄，成为他人的榜样，做一个超级教练，终日充满活力。

每次接触到一个新客户时，我都会先给他们做思想工作，让他们看到自己想要的是什么，并让他们明白一个道理：你的思想会决定你后续的每一个行动。对你今后人生的方方面面来说，你的任何一个想法所产生的影响都将像雪球一样越滚越大，并最终改变你的家庭、工作、人际交往和许多其他东西。

我曾指导过一个超重的男孩。因为肥胖，他在学校受尽欺负，无论他怎么努力，班里的同学都不愿意跟他一起玩，就连他父母一说到他的形象问题也大感头疼。第一次见面时，他告诉我说他一定要瘦下来，变得无所不能。看着他坚定的眼神，我对他说："我觉得你已经开始行动了！"就在那一刻，一个小小的想法开始改变他的一生。

接着我们坐下来一起分析了他的生活，找出各种不好的生活习惯，例如他坦白自己每时每刻都在吃东西，之所以这样做，是因为他感到无聊，不吃东西不知道该做什么。

我对他说，以后每当你感到无聊时，就放下手头的事情，先去做点别的，比如说去上 10 分钟的网，写写作业，然后再重新去做之前中断的事情……

慢慢地，经过一段时间的锻炼之后，他成功地把体重从 122.5 千克减到了 90.7 千克。

Q.2 关于健康，你目前有何消极想法？

比如说"运动太麻烦了，我根本做不来"，"没时间"，"我讨厌运动，哪怕做些简单的运动都使我感到吃力，这种感觉太糟了"。

如果你也有类似的想法，请写在下方横线上：

____

____

____

这些想法是你止步不前的原因。你是想让这些想法成为阻碍你生活前进的枷锁，还是想把它们甩到一旁，开始改变？想些更美好的事情吧。你为何不试试换个角度看待这些消极想法，试着从一个更有意义、更积极的角度来解读它们呢？

比如前面提的那几个关于运动的想法，你也可以这么看："我必须锻炼，因为它能让我充满能量，拥有非凡精力。""我爱运动，它能让我感觉自己独一无二，无所不能。"

所以，很多事情都在转念之间，一个简单的想法就能把消极观念变成积极观念。你也能做到！

在下方横线上写下积极的新想法：

____

____

____

我们的思想不断地塑造着我们的处境。你可能一直在套用别人的思考方法，这对你而言未必是最好的，所以你需要重新整理脑海中的思绪。天马行空地进行一些乐观的想象，看看积极观念能给你带来什么，然后把这种想法付诸行动吧。

你在努力达成一个目标时，头脑中的话语会使你的身体跟着行动。比如，你想要一副强壮的身板，却对自己说："唉，这是很难做到的吧。"你的头脑立刻就给自己的身体下达了一个"不练就强壮身板"的指示，并想方设法证明这个指示是正确的。但如果你对自己说的是"我要练一副最棒的身板，这将使我感到强大"，你的头脑就会竭尽所能地来实现这个说法。是的！事情就这么简单。你只要在头脑中不断重复一个简单的语句，成功自然水到渠成。

开启目标的力量

第 1 步：你最终想让自己变成什么样子？

描绘一幅让你兴奋得想跳起来的画面。比如说：

我减去 12 千克体重，一天到晚精力充沛，神采奕奕；

漂亮的胸肌、马甲线；

身材匀称、浑身结实、充满弹力；

我浑身有使不完的劲；

可以长时间跟孩子们玩些需要耗费体力的游戏；

在游泳、长途步行、骑自行车、打羽毛球、打太极和做其他运动时也不觉得累；

身体健康、不生病，即便偶尔感冒也能很快恢复健康。

你想要什么？请在下方横线处写下你想要取得的终极健康成果：

____

____

____

第 2 步：这个终极健康成果对你十分重要吗？

你为什么会对这个目标心驰神往、昼思夜想？

比如说：

我想减去 12 千克体重，这样我身材会更好，穿衣服更好看，人也更有精神，更自信！

一天到晚精力充沛，工作起来游刃有余，在上司面前表现良好，能赢得更多机会！

是因为我想给孩子们树立一个榜样，我想让他们也变得更加健康、充满活力！

我想以健康的身体陪孩子们参加日常的体力活动，并在游泳、骑车、长途步行、打羽毛球、打太极和做其他运动时不觉得累。之所以想要这样，是因为我体力不支，无法成为孩子们生活的一部分，而我又没什么时间陪伴他们。如果我能保持身体健康，精力充沛、就能花更多的时间陪伴他们了！

请在下方横线处写下你的理由：

____

____

____

做得好！现在，你已经有了一些与健康有关的想法。

接下来我要送给你两件强大的武器，帮助你更轻松、更愉快、更有效地达到自己的目标。

第一件武器：锚定（anchor）。

什么是锚定？

锚定可以刺激我们全力追求目标。

大名鼎鼎的生物学家巴甫洛夫发现，如果在给狗喂食时摇铃，并把这个情景重复若干次，狗就会在听到铃声后开始分泌口水，因为狗在头脑中已经把摇铃等同于食物，摇铃的声音能够触发狗对于食物的联想，进而产生相应的生理反应。

对于人类，同样的法则仍然适用。

当我们用一种强有力的陈述来影响思想和行为时，我们就是在锚定。锚定能使我们在收到某种信号后立刻产生某种情绪，例如自信、活力、爱与喜悦等。如果你不断在一些事件发生时产生某种强烈的情绪，这一事件就会和这种情绪产生联系。

举个例子，如果你曾在现场或电视上观看了北京奥运会，那么你就会记得郭晶晶站在领奖台上领奖时的场景。你会记得，当国歌奏响，郭晶晶挂着金牌注视国旗升起的画面。想想看，国旗升起，国歌奏响，万众瞩目，你激动得不由自主地攥紧了拳头，眼角甚至有些湿润……你是不是会有一种油然而生的自豪感！这时你就是将国旗、国歌和自豪感联系在一起，这就是锚定。

再举个例子，也许你曾在初恋时听过某首歌，这首歌就成了你的专属情歌，哪怕你现在听到这首歌，同样也会触景生情：如果那段恋情轰轰烈烈，那你现在就会感到心情愉快；如果那段恋情凄惨收场，你现在就会感到十分难受。

很多人会在听到某个词或看到某个画面时攥紧拳头、眼角湿润，是因为在他们的潜意识中，已经将该画面和某种情绪联系在了一起，一旦看到这个画面，他们就会产生某种情绪，这就是锚定。

对于不同人来说，能触发某种情绪的事件各不相同，它可能是一首歌、一段旋律、一个事件或者一面国旗。但无论如何，我们总能通过某个事件引发某种情绪。

如何创造锚定？

下面我们分析一下如何创造一个快乐的锚定。

在巴甫洛夫的试验中，在狗身上触发快乐情绪的工具是摇铃。只要摇铃一响，狗的内心就会产生快乐情绪，就会流出口水。

你可以把进入快乐状态的触发条件设置为拍 3 次手——将以下 3 个步骤重复若干次，就可以把快乐和 3 次拍手联系起来。请跟着下面的步骤做一遍。

1. 搜索脑海，回忆你曾经历的某个最激动人心的时刻。选取其中一个场景回忆，比如说回忆你跟相爱之人共享的一段美妙时光。在回忆的同时，按照正常的节奏呼吸，并唤醒你身体的每一个感官，让它们也重新回到那个时刻。一定要真切地感受那个时刻，要仔细体会当时发生的每一个细节和每一刻的感受：你重新闻到了当时的气息，看到了当时的景色，尝到了当时的味道，听到了当时的声音……

2. 找出这个事件中的情感巅峰时刻，并在进入这个时刻前拍 3 次手；

3. 停止回忆，做些其他事情。然后从头开始，在到达巅峰前拍 3 次手……把这一过程重复 8 次。看看你会产生怎样的感受。

请记住，你可以把任何独特的事件设置为触发锚定的条件——上文提到的拍 3 次手只是举个例子，你还可以以某种特殊方式移动身体，或是做些别的事。

现在，你有了一个积极的锚定，你将要在回归核心的过程中用到这个锚定。当你感到全身心投入实现健康目标的过程时，拍 3 次手，“释放”你的积极锚定，并把这个过程重复 8 次。如果你觉得这种联系不够强，可以重新回到步骤 1，不断重复这一过程。熟能生巧！

通过这个锚定，你就可以在任何时候轻松获得积极情绪。

还有种特殊的锚定能通过语言让你产生强烈的积极情绪，那就是警句。当你在追求健康的道路上前行时，它能使你保持精力，助你前进。

警句的力量

在锻炼时重复一些有意义、有力量的话语，将对你的锻炼起到强大的助推作用。

前面说过，2009 年，当我父亲去世，我遭遇人生最大的变故时，我曾一度陷入颓废。但当时我并没有意识到自己究竟有多颓废，我只是一味责怪身边的每一个人——当你发现周围所有人都有问题时，真正出问题的恰恰就是你自己。

正是在反思自己的这段时间里，我感受到了警句带给我的力量。我发现，一个人所运用的话语会对他的头脑产生积极或消极的影响。在反思的那段时间里，给我最大力量的警句是四个词：**决心、行动、专注、坚持。**

每天早晨，我听着迈克尔·杰克逊的歌早早起床，大声地喊出警句，带着轻松和愉快的心情开始新的一天。我把决心、行动、专注、坚持假想成 4 个超人，而我则是这 4 个超人的结合体。

我的感觉开始变好，也变得更有活力。我越来越频繁地去健身房，并感到无所不能！

最终，在警句的激励下，我 3 个月减掉了 13.6 千克，随后我在那个 12 周塑形大赛中获得了“最佳男选手”和“最佳整体效果”两个奖项。就这样，我不仅摆脱了经济上的困境，而且还找到了一份自己热爱的事业。迄今为止，我已经帮助了几百个人。是警句助我改变了心态，进而改变了生活，同时也改变了他人的生活。

听起来是不是很简单？

是的，就是那么简单！

我希望你在横线处写几句能对你起到积极作用的话语，这些话语应当能唤起你心中的某种积极共鸣。

____

____

____

在写下这些话之后，找一个安静的地方，大声地把它们喊出来。感受一下所有能量从你身体的各个部位涌出来是一种怎样的感觉，如果足够专注的话，你甚至能感到这些力量正从你的肌肉中汹涌而出，你会想要动起来。

这个练习做得越频繁，你就越能感受到这些语句与你思想之间的联系，一旦能够熟练运用这一方法，你会感受到难以置信的积极能量。

第二件武器：感恩（gratitude）

感恩练习——找回失去的本心

于挺是一个衣食无忧的人，他工作顺利，有良好的经济基础，家里有迷人的妻子和可爱的女儿。他的身体十分健康，也坚持锻炼，并在生活中坚持正确的营养搭配原则。他能完成高强度的体能训练，也能完美地处理手头上的一切事务。他总能周到地考虑所有事情，并分析如何才能做得更好。在大多数人看来，这样的人肯定是心想事成、无忧无虑的。然而，他总觉得凡事都缺少点什么，觉得自己的内心非常“空虚”。

在我看来，于挺的确缺少了一个最重要的东西——自己的本心。

了解了于挺的情况之后，我建议他每天晚上睡觉前找个安静的地方坐下来，闭上眼睛，把双手按在胸口，冥想几分钟，想想他生命中值得感激的每一件事：感恩自己有衣服穿，感恩自己有个幸福的家庭，感恩有好朋友相伴……感恩生命中的每一件事。

经过了 8 天的简单练习之后，于挺开始在每次吃饭和锻炼前做感恩练习。他说，这种练习让他变得更加热爱生活，因此他想更多地奉献。于是，他开始拿出更多时间来陪伴家人，他的家人也因为他的积极改变而感到惊喜。他的健康状况得到了进一步提升，人们觉得他看起来年轻了 20 岁。他还鼓励同事们做起了感恩练习，这个举动提升了整个公司的工作效率，并营造出了一种更加愉悦的工作氛围。由于对生活中的每一件事充满了感恩，他赚的钱也更多了。

你也许不明白，于挺所做的那种简单练习是怎么发挥作用的？它跟思维、营养搭配和锻炼又有什么关系？事实上，感恩也许是健康最重要的根基与支柱，是使你摆脱焦虑和压力的关键要素，而焦虑和压力是我们生活中许多问题的根源。

许多伟大的领袖、运动员、艺术家和修行者之所以思想深邃，是因为他们能够深入人类的内心。我曾在印度与僧人待过一段时间，也在工作中不断与客户打交道。我从这些经历中总结出了一点，那就是：只有对生命万物皆感恩的人才能看清自己的内心，只有这样的人才能拥有更敏捷的思维，并在营养搭配和锻炼上取得更快的进展，保持令人难以置信的健康和精力水平。每一个坚持感恩和冥想的人都会发掘出更深层次的自我，在印度，人们把它称为“本我的圣域”(Divine Space)。多年以来，我养成了一个习惯：每次上健身课之前必须花一些时间，感恩生活中的每一件事。

你需要感恩和冥想的 8 个理由：

1. 它能使你内心平静。
2. 它能使你集中注意力。
3. 它能使你身心合一。
4. 它能让你更好地控制自己的呼吸。
5. 它能释放你的压力。
6. 它能让你热爱当下。
7. 它能提升你的精力和健康水平。
8. 它能使你保持积极的生活态度。

让我们开始吧！找个地方舒服地坐下来，跟随以下步骤动起来。

1. 闭上眼睛，把双手轻轻地放在胸口，花两分钟时间，冥想生活中值得感恩的每一件事。

2. 两分钟之后，睁开眼睛，在准备好的感恩日记上写几句感恩的话语。

3. 在睡觉前，做两件事来表达自己的感恩：给所爱的人发几条短信，也可以打电话给他们，说一声谢谢；写下你准备在第二天早上做些什么以及你对周围人的感激之情。

在任何时候，你都能做这样的练习，但你应该养成习惯，至少在每天晚上睡觉前做一次练习。

05 CHAPTER

营养搭配8原则

名与身孰亲？身与货孰多？得与亡孰病？甚爱必大费；多藏必厚亡。

——老子

第一次来中国时，有一件事情引起了我的注意——我没看到一个超重的人，一个都没有！我所就读的大学在乡下，从机场到大学，我在路上看到的每个人都十分苗条。我曾以为这是因为每一个中国人都是练了好几年功夫的“武林高手”，人人都坚持锻炼身体。

后来，我发现了其中的奥秘——我在中国农村吃的每一样东西几乎都是由植物做成的。

我清楚地记得，同学们好几次邀请我去他们家共度周末，而我会在周五下午离校，坐上5～10个小时的大巴，来到某个同学在农村的家。那时我眼前的一切都让我惊奇，同学家里几乎所有人都十分年轻、健康、苗条、充满活力。更让我感到惊奇的是，有些老人已经七八十岁了，居然还能在田间地头干活，我一度以为他们都吃了某种仙药。

现在回想起来，那是因为他们吃的东西都以

植物为主。他们吃的植物都是直接从房屋边上的地里收上来的，十分新鲜。我还注意到，学校里供应的食物也多是以植物为主，很少能看见肉和乳制品，当然有时也会做些肉菜和鱼，它们都十分美味，但许多学生家里不太富裕，买不起这些菜。我和同学们每天只需要花一块钱就能吃饱饭，但这意味着我们只能吃植物类食品。

我在英国和美国生活的时候，乳制品和肉制品在我的饮食中占了很大比例，我曾以为我会饿死在中国，因为我吃不到这么多肉制品和乳制品。但我很快就发现，跟许多中国人一样，即使饮食以植物为主，我还是能保持身体强健。

我曾见过一个有着六块健硕腹肌的人。我问他是怎么练出来的，他说他根本没练，只是进行日常活动而已，就是早上喝几口粥，吃一些菜，翻过大山去上学，午餐晚餐吃蔬菜和粮食。我接着问："为何你不多吃点肉、蛋、奶？这些东西能让你变得更加强壮、健康、苗条。"但我错了，以植物为主的饮食结构带给他的全面营养是肉、蛋、奶所无法满足的。在这段时间里，我的饮食健康观念发生了巨大变化。

来到北京之后，我发现了越来越多的超重者。人们富裕之后，原来的生活方式和饮食习惯发生了极大的改变，许多人上班开车，下班吃大量加工食品，却很少吃蔬菜和粮食。这种生活状态与我之前在中国农村看到的情况大不相同。有些家境比较好的同学曾对我说："倪腾，越贵的东西越有营养价值。"可当我问他们什么是"营养价值"时，他们却除了"就是对自己有好处呀"之外，就说不出别的东西了。营养价值似乎是根据食物的价格，而不是食物的品质决定的。

父亲过世后，我开始自暴自弃，饮食也丝毫不节制，体重在几个月内显著上升。那段时间我在北京吃了很多肉和加工食品——宫保鸡丁、饺子等。为了安慰我，朋友们还带我去吃“大餐”，但这能起到的唯一作用就是增肥。

最后，我决定换个方式生活，重新过上我刚来中国时的那种生活。我在饮食中去掉了肉类，开始摄入更多植物。这对我产生了很大的影响，我的身体和生活也因此发生了很大的改变。

一定要记住，吃进肚子里的东西能够改变你的生活。许多人一点儿都不了解每天吃进肚子里的食物，只是浑浑噩噩地胡吃海塞。许多食物经过大量加工，里面的天然成分已经很少，它们不能为身体提供营养，有些甚至会摧毁人们的健康。如果我们长期吃这样的东西，身体最终就会垮掉，因为我们给身体制造了一个受到污染的环境。这就像给汽车加错了油，虽然车子还能跑一段路，但是最终却会停止工作，零件也需要更换。你的身体也是这样。因为吃错东西，许多人身体发胖、头脑昏沉，并因为生病而烦恼。

在本章当中，我要为你介绍的不是一种减肥法，而是一种健康饮食法。我在选择食物时结合了传统中医的养生之道，它能带给你的好处非常多：你能变得充满活力，寿命也将更长。请从心底接受这些营养搭配的原则并试着在生活中运用它们，看看最后的结果如何吧。

现在，你需要每天3次（在吃饭的时候）回忆这些原则。刚开始的时候，你可能会觉得有些难以适应，因为你需要改变一些多年养成的习惯。当你跟家人、朋友一起进餐时，这样做可能会更难，因为你们之间的习惯会格格不入。但只要坚持8天，你的生活就会发生令人难以置信的改变。你将再也不想回到原来的状态——哪怕你只在这8条原则中挑了某几条来遵守，你的生活也将发生积极的变化。

好了，下面让我们来看看这些原则是什么，以及它们为什么这么重要吧。

1. 通过调整饮食来缓解和释放压力——避免因不良生活方式而患病；
2. 从吃得多到吃得精，从数量到质量——适可而止，不过量；

3. 对身体进行碱性净化——戒除对酸性物质的渴望；
4. 水——纯净的精华；
5. 减少乳制品摄入；
6. 多吃素食，少吃肉；
7. 改造你的厨房；
8. 细嚼慢咽，按时进食。

当然，归根到底，这些原则是否适用，还是取决于你的感受，说不定你能在此基础上找到更适合自己的替代方法。

虽然我本人并不是中医，但我从那些中医身上学到了不少知识，并将其融会贯通，服务于我的客户。这些知识曾经在我自己身上产生了很好的效果，我在 12 周里减去了 13.6 千克之后，体重在接下来的 3 年内都没有任何反弹。如今我已不再需要把注意力放在饮食上，因为健康饮食已经成为了我的日常习惯。我觉得这是一件很棒的事情，有必要把它写进这本书，希望它能帮助到所有看到这本书的人。

RULE 1 通过调整饮食来缓解和释放压力——避免因不良生活方式而患病

中国有句古话："药补不如食补。"食物具有修复身体、使人长寿的能力，但要想发挥食物的作用，你必须吃对食物。

传统中医理论中提到了许多对健康有益的天然食物，这些食物的选择与柯林·坎贝尔博士（T. Collin Campbell）在《中国健康调查报告》(*The China Study*) 中得出的结论十分相似。经过大量的研究，坎贝尔博士发现，以植物为主的饮食结构能提供人体需要的几乎全部营养。不仅如此，以素食为主的饮食结构还能让身体获得自然修复的能力。

在向传统中医学习的过程中，我发现没有任何一种既能修复身体又能控制体重的食物是来自于肉和乳制品的。我并不是说所有肉类都对我们有害——我指的肉是那种用玉米等杂粮喂大的动物的肉，而喂青草长大的禽畜身上的肉不包括在内。如果你喜欢乳制品，那最好找个替代品，比如椰奶或杏仁奶。

你需要放弃许多非天然食物，因为它们会对身体造成压力。压力是导致人们生病的主要原因之一，大量食用那些经过加工处理的非天然食物将给你的内脏造成巨大压力。根据中医的观点，这种压力会打破你体内气的平衡，进而引发疾病。

了解哪些食物能促进身体的恢复能力非常重要。这样的话，你就能根据身体所需来选择食物，不让身体处于污染的环境之中，不让内脏受到压力。食物的作用是给你的身体补充所需的营养，但更重要的是让你感到快乐，因此随随便便地进食并不能满足你的饮食需求。

如果你选择能够促进身体恢复的食物，就能让身体处于一个自然的自我调节状态之中。你不应当吃得太多，而应当根据身体所需进食，这样你就不会超重。记住，大量研究证明：腰围越大，寿命越短。

那么，什么食物能够提高你身体的恢复力呢？答案是：所有的蔬菜、水果、坚果和健康的食用油。当然，前提是适量进食。你还需要记下每种能增强你消化力的食物。请记住：消化系统不健康将对身体造成后续压力。如果你吃的是健康食物，大便周期会比较规律（你可以把每天大便的时间做成一个走势图）；如果你吃的食物不健康，可能就会连着几天便秘。你的身体还有其他三种排出毒素的渠道：皮肤、呼吸和排尿。如果摄入了适当的营养，它们的状况都能得到改善。

植物可以拿来煮、蒸、烤、熬汤，但不要拿大量的油来炒。如果你想吃米饭，那就盛半碗，并至少吃半碗蔬菜。

另一个食用植物的方法是榨汁。这种方法能让你简单地获取蔬菜瓜果中的健康营养和矿物质。蔬果汁有助于消化，制作过程中的能量损失也较少，它还能降低你的血压和胆固醇水平。蔬果中往往富含抗氧化剂，可以促进身体健康，并缓解压力过大带来的不良影响。蔬果汁还能提升你的精力，使你精神焕发，让你看起来更加年轻，对于抗衰老十分有效。你不必在新鲜的蔬果汁里加入糖和化学品，它本身的口感就新鲜到令人难以置信。

在我刚开始喝蔬果汁的那几个月，许多人都一脸鄙夷地看着我说：“你喝的是什么玩意儿，看起来这么吓人？”在听完我对手里饮料的解释后，许多人都对这种自制的饮品充满怀疑，有人怀疑它的品质，也有人怀疑它是否真的对人体有利。每当

这时，我都会推荐对方先尝一口看看，他们多数会接着喝下去，有一次，我甚至把1升自制蔬果汁以200元的高价卖了出去。

RULE 2 吃得多到吃得精，从数量到质量——适可而止，不过量

在《中庸》里引用过孔子一句话："人莫不饮食也，鲜能知味也。"

每个人都会吃饭，但很多人却根本没有用心去感受食物的味道。

甄文达(Martin Yan)是一名世界顶级厨师，也是近半个世纪以来中国最权威的烹饪专家之一。他刀功了得，能把一个灯笼椒切成1000条，还能让每个人都尝出这个灯笼椒的味道。

今天，许多人吃饭吃得相当快，以至于根本没时间去品尝食物的味道。

每次给客户上第一节课时，我总是让他们去找最好的辣椒、黄瓜、胡萝卜、西兰花和茄子，然后让他们把这些蔬菜切成尽可能薄的薄片并仔细欣赏它们的美。接

下来，我会要求他们把这些薄片放进嘴里，感受它们的味道。许多人都从未真正有过这样的体验，因为他们只是在往嘴里塞食物，而不是在品尝。

我经常告诉我的学生，与其买一大堆垃圾食品，不如采购一些好的高品质食物。

最好的食物应是高营养低热量的。我们现在吃了太多富含热量但没有多少营养价值的食物，例如汉堡、烤肉、各种小零食。这些营养价值很低的食物对我们是有害的，会使我们的体重增加，却无法提供身体必需的营养和微量元素。相反，如果你能够明智地选择那些高营养低热量的食物，你就能保持苗条，得到维持身体所需的精力，并加强身体的恢复力。

你的身体主要需要三种营养物质：脂肪、蛋白质和碳水化合物。身体对这三种物质的需求量极大——蛋白质是身体构成的基础，碳水化合物能给身体带来能量，而健康的脂肪对你的心脏、胆固醇水平和整体的健康具有重要的调节作用。简单来说，在每顿饭中，你都需要摄入一碗蛋白质和一碗碳水化合物，一碗的大小应与你拳头的大小相当。

你需要通过控制进食量进而管理体重，方法之一是改变盘子和碗的尺寸。第一次上门拜访客户时，我会走进他们家的厨房，看看他们的餐具尺寸有多大。如果非常大，我会要求他们把餐具换成小一点儿的，这样一来，他们便会下意识地吃得更少，并且能在吃饭时更快得到满足，也不会吃撑。更重要的是，当吃到嘴里的东西变少时，他们都会觉得东西的味道变好了。与吃着大盘子里装的一大堆食物时相比，小碗用餐会让他们更能品味食物的味道。

关于食用油，你可以选择两类：富含多不饱和脂肪酸和单不饱和脂肪酸的油，比如橄榄油和茶籽油。如果你现在食用的是含反式脂肪酸或饱和脂肪酸较多的较差食用油，比如动物油，应该立刻把它们换掉，因为它们可能会导致你胆固醇水平上升、体重增加等一系列问题。

维生素和矿物质被定义为微量元素，因为身体对这些营养物质的需求很少。但即便如此，你也一定要确保自己的身体得到了适量的微量元素，这点十分重要。

RULE 3 对身体进行碱性净化——戒除对酸性物质的渴望

在这里我们要引入一个词，酸性食物。

你可能会问，酸性食物到底有什么危害？

大量研究认为，酸性食物与免疫系统疾病、癌症、痛风、关节炎、骨质疏松、退行性疾病、抑郁、疲劳、皮肤问题（湿疹）等存在关联。常吃酸性食物的人更容易得病，易患上头痛、偏头痛、口腔溃疡、牙齿敏感、胃溃疡、腹泻、腹部绞痛、肾结石、过敏、肌腱炎、脚气、指甲脱落、头发分叉、肌肉僵硬、失眠等疾病。

让身体酸性化的办法很简单，你只需猛吃大鱼大肉、加工食品，狂喝软饮料、咖啡、酒类，多抽烟就可以了。虽然压力过大和缺乏运动也会导致你的身体酸化，但使身体酸化的最主要原因还是食物。冰冻三尺非一日之寒，造成身体酸化的原因通常是偏好酸性食物和酸性饮料。当然，我并不是建议你停用一切酸性食物，但你至少应该减少酸性食物的摄入量，因为它会破坏你的身体平衡。

酸碱度的 pH 值为 0 ～ 14 不等。当 pH 值在 0 ～ 6 时，物质呈酸性；当 pH 值在 7 ～ 14 时，物质呈碱性。而人体的 pH 值在 7.36 是一个比较理想的平衡状态。

很多方法都可以检测你身体的酸碱度。第一种方法是用 pH 试纸检测尿液的酸碱度，第二种方法是检查你是否有酸成瘾症状。从总体上看，酸成瘾会导致你缺乏活力。如果把身体分开来看，你可以从肌肉、骨头、头、精神状态、神经系统和内脏的状态来判断自己是否已经酸成瘾。

那么，人的身体为什么会变成酸性呢？

我们吃到体内的许多食物最后都会转化为酸性或碱性物质进入血液。近年来，食用酸性食物的人群数量大幅上升，这些人通常会选择例如动物蛋白和加工食物之类的食物，这会使血液过度酸化，影响体内的酸碱度平衡。

不良的生活方式是导致人体内环境酸化的深层次原因。如果你每天大部分时间都在电脑前久坐、坐车出行、充满压力、睡眠不佳、饮酒抽烟、激动不安或是处于与之类似的情况，你的身体可能就是酸性的。

接下来的问题是，应该如何让身体不去酸性化呢？

为了避免身体因酸化而出现的一些疾病，你可以选择远离酸性食物，多吃水果、蔬菜和健康食用油烹饪的碱性食物。你吃的碱性食物越多，看起来就越年轻，感觉也会越好。我将在第六章列出酸性食物和碱性食物的清单，并教你如何平衡体内的酸碱度。

需要注意的是，每个人的健康状况都是不一样的，过快地改变自己的饮食习惯可能会导致严重的后果。比如说，有些人会因为对吃下去的东西感到不适应而肠胃发炎。如果你长期以来一直吃的是加工食物，突然换成生食可能就会导致不良反应，因此，请在运用这些原则之前向医生咨询自己的身体状况。

RULE 4 水——净化的要素

我曾在北京学过针灸，我的中医老师在第一堂课上就告诉我们：“每天起床后喝两杯温水，唤醒你的内脏。每顿饭之间也应该多喝水。”

对于我的每位客户来说，第一阶段的锻炼总是一个巨大的挑战，因为他们很多人都已经很久没有锻炼过了。许多人刚练了一会儿就感觉呼吸急促，难以坚持下去。每当他们的锻炼进行到了最激烈的时候，我都会递给他们一杯水。一杯水下肚，他们就好像重新活了过来。

由此可见，水对人的重要性怎么强调都不为过。你的身体 70% 是由水构成的，你的大脑 80% 是由水构成的。水对你的健康起到了至关重要的作用，它是你身体重要器官的主要组成部分。没有什么比水还更能滋养你了，你的细胞和内脏都需要有

水才能正常工作，另外，人体内的水还具有吸收营养、调节体温等多种作用。

跟市场上的其他饮料相比，纯净水能带给你的好处要多得多。有研究表明，水有促进消化、增强干劲、提升精力、改善肤质、清理身体、减轻体重等一系列功效，你很难在市场上找到一种能带给你这么多好处的加工饮品。

根据我的观察，许多人在大部分时间都处于脱水状态，但他们却浑然不觉。现在有许多人都犯了一个错误，就是把汽水、咖啡、牛奶、酒等当水喝，以此补充身体需要的体液。我想问一个问题：你的身体有 70% 是由牛奶组成的？还是说你的身体有 70% 是由可口可乐组成的？事实上，许多饮料都是利尿剂，它们会促使身体排出水分。而更重要的是，人们往往根本没喝够水，如果想要身体拥有足够的水分，每过不到 15 分钟，你就应该喝上一口水。

如果你已经明白了饮水不足会对你的身体造成怎样的后果，你就应该多喝水，喝对水。如果你的水没喝够，就会遭受便秘、肌肉痉挛、疲劳、头痛、皮肤干燥等一系列因为缺水而引发的问题。如果失去了体内 20% 的水，你就会死亡，一个人无法在不喝水的情况下生存一周以上。

除此之外，增加饮水量、释放压力还能治愈大部分因为各种原因引发的疾病。简单地说，喝的水越多，你的身体就越接近碱性环境，而疾病往往是由酸性环境引发的。如果你身体里的水不够多，身体就会酸化。另外，饮水不足还会导致抑郁症。

RULE 5 减少乳制品摄入

几千年来，马赛人一直喝牛奶，因为牛奶是他们的主食之一。但是，大部分中国人喝牛奶还是近二三十年的事情，而且中国人喝的牛奶也远不如马赛人喝的牛奶新鲜。为了满足巨大的市场需求，中国的制奶厂会往牛奶中加入其他物质。30 年前，当中国刚向世界敞开大门时，国内是很难买到乳制品的。而现在，牛奶已经成为大多数城市饮食中必不可少的一部分，肥胖也同样成为中国的一部分。当然，这个比较过于简单化，但这种关联性是值得引起人们关注的。

许多人的身体都没有处理牛奶或其他乳制品的能力，因为他们的身体中缺少分解乳糖所需的酶，这就是通常所说的乳糖不耐症。当然，人们还能用许多不错的东西来替代牛奶，例如豆浆、杏仁汁、椰奶或稻奶。

我的建议是，你需要减少乳制品尤其是牛奶的摄入，甚至可以把它们从你的食谱中剔出去。许多人对牛奶的观点通常是：牛奶富含钙质，对身体是有好处的，但少有人谈论乳制品的危害。如我刚才所言，吃一些加工食品和喝一些牛奶，可能在短时间内不会使你生病，但却会影响你的身体。你需要明白它们为什么会影响你的身体，并对自己的生活方式进行调整，判断调整后的结果是好是坏。这就跟开车是一个道理，你应该把油加对，要不然随着时间的推移，整个发动机都会受到损害。

如果你担心体内的钙含量不足，我可以向你推荐我认为不错的 8 种补钙食物。它们能给你的身体提供足够的钙，让你拥有健康的骨骼。

1. 亚麻籽

2. 菠菜

3. 核桃

4. 巴西坚果

5. 芝麻

6. 野生鲑鱼

7. 芥蓝

8. 西兰花

关于喝牛奶有没有好处的问题，兼听则明，关键在于你怎么想。

有人说，他们从小就听各种广告说牛奶是多么多么好，所以在潜意识中认为牛奶就是好的。

但也有很多研究表明，牛奶的副作用不容忽视，它与前列腺癌、骨质疏松症、II型糖尿病和自身免疫性疾病等存在关联。尽管有人对此提出质疑，但根据我的经验，那些把乳制品剔出了食谱的人不仅减肥更顺利，在其他方面也表现得更好——他们往往精力更充沛，肤质更好，胃疼的情况也更少。

牛奶会使你的身体酸化，并使你的骨骼变弱。研究表明，由于牛奶是酸性的，在喝下牛奶之后，你的身体需要想尽办法将其中和，而人体内钙是中和酸性物质的主力军。你身体内钙含量最高的部分就是你的骨骼，因此身体会用骨骼中存储的钙来中和牛奶，这将使你陷入缺钙的状态，并导致骨骼弱化。由此可见，喝牛奶补钙也就成为一件不现实的事情。

事实上，从大自然的角度来说，牛奶并不是提供给成年人的。小牛犊从母牛那儿喝奶，长大之后断奶，你如果看到一个成年人还在吮吸母亲的乳头，那该多么让人诧异。

RULE 6 多吃植物少吃肉——素食能满足你的全部纤维素和蛋白质需求

在前文提到过的《中国健康调查报告》一书中，专家们一致认为，减少动物性蛋白的摄入对人体是有益的。几千年来，中国人的饮食一直是以素食为主，动物性蛋白在饮食中占的比重较小，因此中国人患心脏病、高血压等退行性疾病的比例也相对较低。从这点上看，传统中医提倡的少吃动物性蛋白的观点要比西方更为先进。

素食带给我们的好处是无可否认的。与完全只吃肉相比，在吃少量肉的同时多吃点儿碱性的蔬菜能够有效减少体内酸性物质的含量。传统中医讲究的是平衡，一旦肉吃得太多，你的身体就会失去平衡，所以素食成为了更好的选择。

但即便是吃素食，你也同样需要严挑细选，看它是不是有机植物。正如我们前面所说，重要的是品质而不是数量。在中医科学院上学时，我曾听一名医生说过："关键是要保持平衡。如果你想吃肉，就要选最好的肉，你选肉的时候应该考虑到内脏中气的平衡。如果你吃的是植物，而且这些植物的品质都是最好的，那么你吃的东西就是最有利于健康的。"

就算植物所能提供的营养没有比肉类更好，两者至少也是相同的。坎贝尔博士在《中国健康调查报告》中写道："几乎所有动物能提供的营养都比不上植物提供的营养。"不同的研究表明，以植物为基础的饮食结构要远远优于长期食用肉类的饮食结构。更重要的是，现在的肉质跟 30 年前的肉质大不相同。随着人口的增长，动物被喂了各种催肥的饲料，而同样的情况也发生在打了农药的植物上。但比起吃肉，吃蔬菜仍然是一个好得多的选择。

很多人认为吃肉能帮助他们补充身体所需的蛋白质，但我在此要说一句可能让很多人大感意外的话：植物也含有蛋白质！大豆、西兰花、菠菜、菜花、南瓜子、芦笋……这样的植物有很多。大多数豆类，包括花生和生杏仁之类的坚果，都同样富含蛋白质。几个世纪以来，这些植物一直都是中国菜的原料。

植物有很多种做法，你可以把它做熟、榨汁或者生吃。在传统中医看来，生吃食物是有好处的，但是生食吃得太多也会导致人体失衡。为了消化生食，人的体温会上升，这以西方科学的视角看，意味着更多卡路里得到了燃烧。如果你希望减肥，那么让身体更加使劲地工作还是有一些好处的。

如果你对生食并不适应，那么在食用时就应该适量。过量的生食将会对你的消化系统造成负担，并拖垮身体。

RULE 7 改造你的厨房

许多人肚子饿的时候，脑子里的第一个反应就是去厨房看看。如果你很开心地在厨房里存了一大堆垃圾食品，那么你的生活方式可能就不是那么得健康，因为你的厨房并不能使你过上健康的生活。

习惯决定了我们在大部分情况下做什么，所以我们的饮食方式自然也是由习惯决定的。如果你偶尔吃错一两样东西，那还情有可原，但如果你养成了一个糟糕的习惯，不断吃加工食品、酗酒、抽烟，并最终让身体来承担代价，导致体重增加、患上疾病，那你就需要改变自己的习惯了。

在后面的章节中，我们将谈谈你需要在厨房放些什么东西。

RULE 8 细嚼慢咽，按时进食

现在，很多人都没能做到按时吃饭、规律饮食，而且每次吃东西的量也忽大忽小。比如，有时候人们早饭吃得很少，晚上却吃了一顿大餐。此外，许多人吃东西的时候速度很快，都不仔细咀嚼食物，在电视机前吃饭或着急在吃完饭后做什么事情时更是如此。其实这种吃饭方式很不健康，它不仅会导致营养难以被吸收，而且会让你吃得更多，导致发胖。

你是不是有过吃东西吃到腹胀，并不得不揉肚子的情况？这通常是因为你吃得太快了，很多东西都没有被嚼碎就进了你的胃里，难以消化。有句俗语说得好；胃里可没有牙齿。所以，你应该在吃东西的时候小口咀嚼，让唾液里的酶对食物进行一定程度的分解，减轻胃的压力。“人莫不饮食也，鲜能知味也。”连孔子都认为你应该品尝嘴里的食物，可见细嚼慢咽有多么重要。

当你吃东西时，应该做到专心，即专心地咀嚼嘴里的食物。传统中医教导我们，咀嚼能帮助温暖较冷的食物。吃东西是一种乐趣，我们应该享受其中。如果你花费时间来咀嚼食物，你就能尽情享受吃进嘴里的每一口食物，真正欣赏到食物的绝妙之处。此外，我还建议大家用筷子吃饭，因为筷子能放慢你吃饭的速度。

按时进食是一个重要的习惯，如果养成了这样的习惯，你就能定时享受到吃东西的乐趣。另外，按时吃饭能保证你与家人共度的美好时光，这是所有文明传承千年的传统，我们不应在快节奏的城市生活中丢弃它。

有时候，你也会遇到无法遵守这些原则的情况。比如说，你参加朋友的生日宴会时发现桌上的食物十分油腻，你又不可能一口不吃，那样会显得很不礼貌，怎么办？

当你遇到了这种无法遵守原则的情况，应该想办法重回正轨，继续前进，没有必要因为未能严格遵守每一条原则而惩罚自己。我喜欢在每周设一天“轻松时间”，可以在那天吃我喜欢吃的东西，例如加了很多辣椒酱的四川麻辣面。这并不是鼓励你拿“轻松时间”当借口，我希望你能保持健康的饮食和生活习惯，在脱了轨之后能重新遵守原则，而不是因为没有遵守所有原则而感到内疚。

每次上课时，我都会问我的客户：“你有没有什么错误要坦白？”他们经常回答：“请原谅我，因为我吃了……”无论是吃一大盘油鸡，还是一大盘烤鸭，偶尔吃一次都不要太在意，你大可以把它放在每周一次的“轻松时间”里，然后继续过自己的生活。

06 CHAPTER

打造你的专属饮食计划

为无为，事无事，味无味，大小多少，报怨以德。图难于其易，为大于其细；天下难事必作于易，天下大事必作于细。

——老子

下面我们来学习如何在生活中运用上一章提到的原则。

首先需要提醒大家的是，我下面所说的这些方法都只是一些建议。许多按我的建议去做的客户最后都收获了喜人的成果，但前提是我非常了解他们，所以你必须先了解自己的情况，对照自己的生活方式，看看其中哪些方法对你适用，比如可以先试试本章的第三和第四条建议。你需要先找出适合自己的方法，然后再逐渐尝试其他方法，直到把营养搭配 8 原则变成你日常生活的一部分。

RULE 1 通过调整饮食来缓解和释放压力避免因不良生活方式而患病

为了延长寿命、活得健康，你应该满足身体

需求，选择正确的食物，并控制自己的食量。人体是一套复杂而神奇的系统，它能够自我调节、自我修复，而我们需要通过调节饮食来加速这一过程。

传统中医教导我们，选对食物能增强内脏的恢复能力，让你的气变强，使你的精力水平上升，体重得到控制。在往食谱里添加新食物之前，你需要对传统中医进行了解，明白哪些食物对哪些内脏有益，各种食物的营养价值又如何。食物可分为热性、温性、中性、凉性和寒性五种。在浏览了传统中医理论并对这些食物有了基本了解之后，你就可以合理地选择有益身体的食物，最大限度地提升精力、控制体重。

传统中医认为，食物的寒热性质是判断食物是否有益健康的重要参考指标，因为食物的寒热性质体现了它对消化系统和身体的影响。热性食物能使身体变得温暖，也可能引发出汗、头疼等症状，为了保暖，中国人在冬天会多吃热性食物，寒性食

物能使身体变得寒冷，我们需要消耗更多能量才能消化这些食物。我们应该合理选择这两类食物，以保持身体的寒热平衡。

● **热性食物：**

大蒜、大枣、生姜、燕麦、马铃薯、山核桃、水蜜桃、韭菜、栗子、生洋葱、红辣椒、桂皮、青椒。

● **温性食物：**

鸡肉、三文鱼肉、水蜜桃、葵花籽、石榴、人参、迷迭香、椰子、番石榴。

● **中性食物：**

蜂蜜、甜薯、葡萄、甜菜根、糙米、白米、卷心菜、菜花、花生、豌豆、葡萄干、胡萝卜、樱桃、木瓜、橄榄、菠萝、李子、南瓜、青豆、无花果、四季豆、香菇，榛子。

● **凉性食物：**

草莓、橘子、苹果、芒果、梨子、柠檬、菠菜、苜蓿芽、芦笋、莴苣、茄子、萝卜、西兰花、杏仁、香油、薄荷油、西葫芦。

● **寒性食物：**

香蕉、葡萄柚、绿茶、豆腐、西红柿、酸奶、黄瓜、菜花、西瓜、海带、橙子。

食物的味道尤其重要。中国人把食物的主要味道分成五个大类：酸、甜、苦、辣、咸。你在吃任何东西的时候，都应该平衡这五种味道在食物中所占的比例，如果你特别喜欢某种味道，可能是因为你的某个内脏失去了平衡。我将在下面列出各种味道会对你的身体造成怎样的影响，哪种食物又对应了哪种味道。

酸食会影响你的肝脏和胆囊。这些食物包括鸭肉、柚子、葡萄、柠檬、生菜、橙子、芒果、橄榄、橘子、水蜜桃、梨子、菠萝、李子、石榴、树莓、草莓和酸奶。根据传统中医的观点，酸食能使人身心平静，但有时也会导致压力和愤怒情绪。

甜食会影响你的脾脏和胃脏。这些食物包括了苹果、杏子、竹笋、香蕉、豆腐、牛肉、鸡肉、三文鱼肉、鳟鱼肉、黑芝麻、荞麦、胡萝卜、芹菜、樱桃、黄瓜、茄子、人参、四季豆、芒果、蘑菇、橘子、梨子、黑豆、草莓和南瓜。如果你的脾脏气血不足，就会特别想吃甜食。甜食吃得太多会导致肥胖，所以你应该选择有益健康的甜食替代品，这样的选择有很多。

苦食会影响你的心脏和小肠。这些食物包括了芹菜、芦笋、薏米、人参、生菜、南瓜、苦瓜以及其他苦味的绿色蔬菜。苦食能清热，但如果吃得太多，会使你失眠、面色潮红、焦虑。

辣食会影响你的肺脏和大肠。这些食物包括了芦笋、香菜、大蒜、生姜、大葱、韭菜、辣椒、薄荷和萝卜。根据传统中医的观点，你应该在冬天吃些辣食以增强自己的免疫力，适量辣食能在冬天给你提供极佳的抗寒能力。

咸食会影响你的肾脏和膀胱。这些食物包括了大麦、鳝鱼、对虾、黑豆、海盐、发菜、枸杞、核桃、西红柿。适量的咸食对肾脏是有好处的。

一定要记住：上述文字仅仅是一个简单的指导。每一种食物都会对特定的器官产生影响，任何一种食物都不能吃得过量，否则你的身体将失去平衡。另外，你还可以通过不同的烹饪方式改变食物的性质。例如，炒、烤、炖、焙能使食物变成热性或温性；煮、蒸、生食使食物变成凉性或寒性。

除了食物本身的属性之外，进食的时间也非常重要。

几千年来，中国人一直讲究随着季节的变化改变饮食。虽然你现在能在任何时候吃到任何季节的食物，但这并不利于你的健康。比如说，西瓜本应是夏季的水果，在夏天，你可以吃点儿西瓜来使身体变得凉爽，但冬天就不应该吃西瓜。检查一下你自己的食谱，根据季节调整食谱上列出的食物。

除了季节之外，一天当中的进食时间也是有讲究的。传统中医认为，人在一天中的不同时段进食，将影响不同的内脏器官。具体如下：

5:00 ~ 7:00 —— 大肠
7:00 ~ 9:00 —— 胃脏
9:00 ~ 11:00 —— 脾脏
11:00 ~ 13:00 —— 心脏
13:00 ~ 15:00 —— 小肠
15:00 ~ 17:00 —— 膀胱

综上所述，在精选食物的时候，你不仅要选择品质最好的食物，还要控制食物的量，考虑食物的性质、味道和上市季节。只有这样你才能健康食疗，使食物能量最大化，并有效控制自己的体重。

8 天饮食计划

下面我给大家提供一个标准的每日饮食计划。根据这个计划连续做 8 天，你就可以有效清理自己的身体。8 天之后，你可以重新采用让你感觉舒服的饮食计划，也可以继续坚持我的这套计划。

你一定要做好思想准备，因为你在这 8 天中吃的东西看起来完全一样。但仔细想想，其实我们每天吃的食物基本上都大同小异，坚持 8 天并不是什么大不了的事，对吧?

请记住，下面的食谱只是一个例子，如果你对其中某些食物不适应，也可以找几个替代品。一旦这个饮食计划成了你生活的一部分，你就能轻松地度过每一天。因为这些食物能让你规律作息、找回健康。每个人都有无法遵守饮食计划的时候，这没什么大不了的，你应该及时重拾健康饮食计划，而不是就此打住。在锻炼的时候，你也会遇到同样的问题。如果你有时因为各种原因没法锻炼，没什么大不了，第二天接着练。

● 早餐：

用猕猴桃、西瓜、葡萄柚或梨子做一杯鲜榨果汁（一杯或 330 毫升）。早上喝一杯的鲜榨果汁是个不错的选择，它的做法简便，有助于身体恢复。

如果你依然觉得饥饿，那就可以冲一勺燕麦片。燕麦片是很好的早餐食物，研究证明，它能降低人的胆固醇含量，缓解高血压，减少患心血管疾病的风险，并有助于调节血糖水平。除此之外，燕麦片还能给人提供能量并帮助减肥。吃燕麦片的最大好处就是你可以换着花样制作，可以往里面加水果或其他合你口味的健康原料。

热汤也是不错的选择。你可以在遵循营养搭配原则的前提下，做一碗质量上乘、口感极佳的热汤。中国有许多地方都喜欢以一碗汤来迎接新的一天。

● 零食：

核桃、生杏仁、腰果或栗子，只能吃一把，而且不能是炒货。

你也可以吃一块水果并喝 450 克水。

● 午餐：

吃一些沙拉或煮蔬菜。如果你还是觉得饿，那就来一杯鲜榨蔬果汁。关键是多吃水果。

- **零食：**

核桃、生杏仁、腰果或栗子，只能吃一把，而且不能是炒货。

你也可以吃一块水果并喝 450 克水。

- **晚餐：**

半碗米饭，至少吃 5 种蔬菜。

- **零食：**

来点核桃或是泡一杯绿茶，最好选择天然茶叶。

这套饮食计划操作简单、易于遵守，它能使你的五脏之气得到平衡，并有助于你控制体重。你也可以用同类食物对饮食计划中的部分食物进行替换，改变食物组合，但一定要坚持！

需要提醒的是，在执行这项饮食计划期间，你必须远离加工食品、精制糖、精制面粉、精制食物和罐装果汁。这些食物对身体毫无营养价值可言，而且会对你的长期健康造成严重的潜在伤害。这种伤害的表现之一就是超重，短期内你还会出现疲劳和营养不良等情况，可能长久下去甚至还可能使你患上慢性病。

RULE 2 吃得多到吃得精，从数量到质量——适可而止，不过量

购买食物时，你应该看看食物标签上标注的成分，确保自己能获得足够的宏量元素和微量元素。

不过，获取理想食物的最佳方式还是直接从源头采购。比如说，要想买到最新鲜的蔬菜，你不应该去超市，而是应该去当地的农贸市场，你能在那里买到最好、最新鲜的产品。

关于合适的食用油，市场上有一些不错的选择，例如亚麻籽油、椰子油。你可以选择在早上喝一碗粥或燕麦片，不过有些人还是更喜欢吃用食用油烹调过的食物。其实要想获取脂肪酸，鱼肉也是一条不错的途径。西方研究已经表明，摄入优质脂肪和油脂可以增强大脑的机能。哈佛大学公共卫生学院在《脂肪和胆固醇营养：存优去劣》（*The Nutrition Source Fats and Cholesterol: Out with the Bad, In with the Good*）这篇报告中提出：

1. 消除来自半氢化油的反式脂肪。食物标签上的反式脂肪含量应为“0”，同时应确保食品成分表中没有半氢化油（食品标签法允许食品制造商在产品中添加 0.5 克反式脂肪，有些食品制造商添加了反式脂肪，却仍把反式脂肪的含量标注为“0”）。幸运的是，大多数食品生产厂家已经把反式脂肪从产品中剔除出去。在餐厅吃饭的时候，你应避开油炸食品、饼干和其他烘焙食品，除非你已经知道这家餐厅是不用反式脂肪的（许多餐厅已经在这么做了）。

2. 控制红肉和全脂乳制品的摄入量，以此减少饱和脂肪的摄入量。

3. 在烹饪和就餐时，用富含单不饱和脂肪酸和多不饱和脂肪酸的液态植物油替代黄油，如橄榄油、菜籽油、葵花籽油、玉米油、花生油等，都是很好的健康食用油。也有人发现，椰子油具有杀灭细菌、减肥、改善消化系统等作用，对人体非常有益。

4. 每天摄入一种或多种不同来源的健康脂肪酸。鱼、核桃、菜籽油、大豆油、亚麻籽粉、亚麻籽油等都是优秀的脂肪酸来源。

RULE 3 对身体进行碱性净化——戒除对酸性物质的渴望

如果你吃了酸性食物，那就再吃点蔬菜和碱性食物，以保持体内酸碱度的平衡。为了中和吃到肚子里的酸性食物，你吃的碱性食物应该多于酸性食物。举个例子，如果你吃了肉，那就应该再多吃点儿沙拉。在下面的食物列表中，你应该多吃碱性食物，少吃酸性食物，在选择饮料的时候也是同理。

应该多吃的碱性食物：

绿色蔬菜（生熟皆可）

除了西红柿之外的一切有色植物（西红柿是酸性食物）

所有水果

红薯

巴西坚果、栗子、杏仁、榛子

牛油果

杏仁奶

绿茶

应尽可能避免食用酸性食物和其他加工食物（这些食物大多含有人工化学剂，与天然的人体构造不相符）：

一切炒菜和炒货

酒

冰激凌

一切含有高果糖玉米糖浆的食品

肉

蛋

奶酪

如猪油之类的动物脂肪

用于烹饪的精制食用油

白面包

人工甜味剂

白砂糖

如番茄酱和蛋黄酱之类的调味品

汽水饮料

咖啡

我列这两个表的目的并不是要让你完全弃绝某些食物，只是希望你能在把食物送进嘴里之前仔细思考一番。我在第 8 条原则（细嚼慢咽，按时进食）中说过，要愉悦地享受健康的饮食方式，偶尔吃一些肉或其他酸性食物，喝一些酸性饮料也没问题，但你应该控制酸性食物的摄入量，避免身体过度酸化。

如果你总吃大量的瓜果蔬菜，而不是任何加工食品和动物性蛋白，那你就做对了。虽然有迹象表明，有些水果中含有果糖，这类熟透的水果最好不要食用，但不管怎么说，水果总归是水果，比起其他食物，它对很多人而言依然是一个极佳的选择。总而言之，水果和一些特定的蔬菜应该成为你饮食结构中的主要组成部分。

蔬菜有很多种吃法：榨汁、生吃、做菜、熬汤。加热会破坏蔬菜中的部分矿物质和酶，但如果把蔬菜做成汤，许多矿物质和酶就会溶入水中，这意味着蔬菜汤中含有大量的矿物质和维生素，有助于碱化身体。

如果你想快速而充分地地摄入瓜果蔬菜中的营养，又不想花很多时间做饭，那就榨成汁吧。蔬果汁能滤出瓜果蔬菜中的纤维素，给你留下大量维生素和矿物质。千万不要喝那些加了糖分的加工果汁，喝自制的鲜榨蔬果汁才最健康。

用一杯新鲜的蔬果汁当早餐是迎接新一天的好方法。蔬菜汁不仅能碱化身体，还能使你的身体摄入大量维生素和矿物质。与其在清晨往嘴里塞一堆难以消化的食物和饮料，为什么不选择一个让身体放松的好方式呢?

你的早餐应远离白面包、咖啡、加工食品、精制糖和大量的不健康脂肪，它们会使你的身体酸化。你在吃早餐时可以选择一些健康的替代品，例如水果、燕麦片、香草茶、新鲜蔬果汁、热汤以及任何能使身体碱化的食物。

如果你在早餐和午餐之间觉得肚子饿了，可以吃一块水果或一把杏仁。在吃这些东西之前，我往往会先喝一杯水，因为很多时候我们以为自己肚子饿了，其实只是渴了而已（用清洁的饮用水来滋润自己的身体总归不会错）。

请远离碳酸饮料，因为它们含有大量能使人上瘾的糖分，而且会严重酸化你的身体。即使有些碳酸饮料号称是无糖的，也不要接近，因为它们对你的身体毫无益处。

在午餐时，有些人喜欢把肉、米饭、蔬菜和甜点吃个遍，但这种吃法会使你的身体严重酸化。你需要明白什么能使你的身体碱化，什么能使你的身体酸化。比如说，如果你把一顿饭按百分比计算，至少应该有 70% 的食物是蔬菜，剩下的 30% 可以是肉和米饭。这种三七分的吃饭方式既能让你吃到自己喜欢的食物，又能避免身体酸化。

跟上午一样，你在午后同样可以吃点儿水果或杏仁当点心。

对很多人来说，晚餐通常是一顿大餐，因为很多人会选择跟家人共进晚餐，而所吃食量也会超过身体的需求程度。你应该和吃午饭一样，划分晚餐中各种食物的百分比，喝点蔬菜汤也是使身体碱化的好方法。

酒不仅是酸性物质，还会对我们的肝脏造成巨大的压力。东西方医学研究已经证明，酒精会对人体造成长期伤害。如果你确实想喝酒，那就偶尔喝一点儿。

RULE 4 水——净化的要素

当你感到口渴时，就说明你已经进入脱水状态了。在这种情况下，你需要在很短的时间内喝下一大瓶水，而不是喝一小口水。但你可以随时随地小口喝水，无论是在工作中还是在开车时。如果你每过 15 分钟就喝两三口水，那么你一整天都不会脱水，但在更冷或更热的地方，情况可能会有所区别。请遵循中国的传统——不要喝凉水，因为你的身体不得不消耗能量来把水变温。

试试每天多喝几杯水，你会感觉好极了，因为你做的事情完全符合自然规律。

RULE 5 减少乳制品摄入

减少乳制品摄入并不意味着你要从此告别喜欢的牛奶，因为你有许多比牛奶更健康的替代品可选择，而且味道同样很棒。你可以选一种别的奶来代替牛奶，并喝上 30 天，30 天之后你也许会惊讶地发现，其实你也没那么渴望牛奶。

如果你觉得自己需要喝奶，那么稻奶、有机豆奶或杏仁奶都是替代牛奶的不错选择，但你应该确保这些奶里面没有添加乳糖或人工甜味剂。

RULE 6 多吃植物少吃肉——素食能满足你的全部纤维素和蛋白质需求

如果你是个爱吃肉的人，那就需要花一些时间给自己做思想工作，试着减少并限制自己的吃肉量。我能理解这需要多大的毅力，所以我并不强求你在很短的时间内就急剧地减少食肉量，我只是建议你对饮食做些小小的调整。至于我，我只在极少数情况下吃肉，但就算是这样，我也得先问清楚肉的来源以及做法。比如说，我会问鸡是不是散养的，肉是清蒸的还是水煮的。

为了向正确的方向前进，你需要做两件事。

第一，如果非得在吃饭的时候吃肉，请确保其余 80% 的食物都是蔬菜。

第二，你要弄清楚肉究竟是从哪儿来的。一些人可能觉得搞清肉从哪儿来十分困难，但你有必要知道肉的来源是不是干净。有的肉可能掉在过肮脏的地板上，只是拿脏水胡乱地洗了一下就进了你的盘子，别过完一整天都不知道自己把什么吃到了肚子里。

如果在吃肉的时候做到了这两件事，那你就是在朝着健康的方向迈进。

RULE 7 改造你的厨房

为了打造一个能够实现你健康理想的厨房，请在厨房中准备下列物品：

一台用于鲜榨蔬菜和水果的榨汁机。

一台能保留饭菜中矿物质和维生素的蒸汽电饭锅。

一口由回火钢制成的锅，这种锅在做饭时不怎么耗油，比较理想。

一台用于切菜的食品加工机，这种机器能把蔬菜切成片，比较方便。

一台冰沙搅拌机，它能把蔬菜打成菜泥。

一口不粘锅，这样你在做菜时就不用放油了。

一个食物秤，这样你就能控制做菜的量了。

一个用于控干沙拉中水分的沙拉抄子。

RULE 8 细嚼慢咽，按时进食

我的一位朋友，著名中医张大夫告诉我，人体内脏在上午 7 点至 9 点是最活跃的。这时候如果你喝点儿粥或麦片糊之类的东西，对身体是最好的，这种温暖潮湿的食物能使胃中之气获得平衡。在这段时间里，胃也是最活跃的，所以确保胃中之气的平衡十分重要。

张大夫还说，我们的午餐可以多吃一点儿，因为此时是胃中之火燃烧得最旺盛的时候，胃肠消化能力比较强，而且你可以在这个时候吃一些生蔬菜之类的凉性食物。

在傍晚的时候，你体内的气趋于平息，所以应该喝点儿蔬菜汤，吃点心海菜和熟绿叶菜，因为这些食物不会消耗太多的气。

在下面的表格中，我标明了人一天之内每隔三四个小时都应该摄入什么营养。还是那句话，每个人的情况都不同，这个表只是我的一个指导建议，你还需根据自己的个人情况合理安排饮食计划。

时间	食谱	水分补充	营养补充
7:00	2 杯柠檬水。		健康的食用油，例如一匙鱼油或椰子油。
7:30	一碗加了亚麻籽粉、水果和椰子油的燕麦粥（也可以是水），或者吃些水果。		
10:00	鲜榨果汁，多吃水果。		
12:30	蔬菜必须占到盘中食物的 70%，如果想吃肉，那就必须保证肉的来源。	饭前 20 分钟喝一杯水。	
15:30	生杏仁或鲜榨蔬果汁。		

（续表）

时间	食谱	水分补充	营养补充
18:30	蔬菜必须占到盘中食物的 70%。	饭前 20 分钟喝一杯水。	
21:00	如果想在晚上吃点零食，那就喝点以蔬菜为主的蔬果汁。		

在尝试新食谱的第一周，你可能会感觉很奇怪。这一过程或许会很简单，你的体重也可能开始下降。如果继续坚持下去，你会感到生活的方方面面都涌出了大量活力，你的人生也将变得更为积极。

CHAPTER 07

组成身体的 8 个重要部分

祸莫大于不知足，咎莫大于欲得。故知足之足，常足矣。

——老子

你还记得第三章中测出的评估结果吗？无论你是猛虎、游龙、憩猴还是睡猪，都可以通过锻炼为身体健康打好基础。需要提醒大家的是，游龙或睡猪需要做的都是相同的练习，两者之间的差别只有练习的时间、强度和次数。

梁先生是我早期的一位客户，年轻时曾是一名运动员，但他现在要在电脑前坐上好几个小时，因为腰疼、脖子僵硬、容易疲劳等问题来寻求我的帮助。梁先生说自己经常会感到精疲力竭，而且他现在十分讨厌运动，哪怕只有三层楼梯，他也会选择坐电梯。他希望我能帮他恢复活力，让他有更多精力陪伴家人。

经过一段时间的练习后，现在的梁先生不仅再次变得健康、富有活力，而且身体更加灵活、身形健美，之前曾困扰他的身体疼痛问题也已经烟消云散了。他非常感谢我教给他的练习方法。

记得刚开始上课时，我们研究了他的呼吸、

核心肌肉群、臀部力量和其他各组肌肉群，我还让他对自己的体内之气多加留意。经过简单的研究和训练之后，梁先生惊讶地发现，他只需要专注于 8 个方面（几个简单的动作），就可以收到明显效果。

这样的例子有很多，曾有形形色色的人因为各种各样的问题向我寻求帮助，最后都得偿所愿了：他们变得更加健康，更有活力，身体更加强壮，日常疼痛的症状也得到了缓解。他们对身体的支配能力得到了提升，看起来更年轻，自身感觉也更棒了。

当人们开始锻炼之后，可能都希望自己能练出硕大的肌肉或者 6 块漂亮的腹肌。这种想法不错，但如果想要整个人变得健康而有活力，你必须首先关注其他肌肉，毕竟我们的目标并非练出最强壮的手臂，而是最健康的身体。

对身体而言，一上来就使劲练得膀大腰圆并不是打基础的好方法。你应该根据身体各个部位的重要程度，依次锻炼 8 组肌肉群。

要想拥有健康，你必须首先尊重自己的身体。人体是一个十分奇妙的复杂系统，一个人身上的肌肉数量超过了 600 块，无论你吃了什么东西、受过什么伤、做过什么表情，这些都会在你的身上得到体现。比如说，如果你身体的某个部位长期受到伤害，即使这个伤口“本应”早已痊愈，这种疼痛感将依然持续很久。相反，如果要防止身体遭受创伤，你应该让身体做好应付各种可能性的准备。记住，人体需要在平衡与和谐的状态下工作，否则身体就会出现问题。

下面我将告诉你人体 8 个重要的方面是如何运作的，以及为什么要锻炼它们。

人体 8 个重要的方面分别是：

1. 呼吸
2. 核心肌肉群
3. 臀部
4. 下肢
5. 上半身
6. 手臂

7. 肩膀

8. 体内之气

1 呼吸

当我看到梁先生微微含胸驼背的时候，就对他说:“你并没有在呼吸。”他吓了一跳:“没在呼吸，那我怎么还活着？”其实我的意思是他并没有正确地呼吸，这意味着他的身体无法获得充分的氧气，以至体内的氧含量不足。世界上绝大多数人都没有掌握正确的呼吸方法，梁先生只是其中之一，他之所以没法连续爬3层楼梯，就是因为这个原因。正确的呼吸方法应该是扩张腹部（使用腹部呼吸），而不仅是扩张胸部。在第一节健身课上，我只教了梁先生如何正确呼吸，令人惊喜的是，他在掌握了正确的呼吸方法后感觉好多了，因为仅仅在第一次训练之后，他就已经可以爬3层楼梯而不再上气不接下气了。

大多数人都习惯用胸式呼吸，所以不知道呼吸能带给你的真正力量。从百米赛跑到打乒乓球，呼吸在大多数运动中都会决定你的成绩。在生活中，你的呼吸效率同样重要，如果无法有效呼吸，你就等于在掠夺自己身体中的氧气，这意味着你需要摄入更多的食物和水。呼吸对你的影响不仅能在血液中得到体现，更深入到了细胞的层面。一个细胞的运作需要水和氧气，这两样东西任少其一都会导致细胞死亡，而毫不夸张地说，给细胞提供更多氧气，你就能活得更长久。

此外，你还可以通过呼吸控制情绪。俗话说，病由心生，如果你在生活中积累了很多负面情绪，就更容易生病、抑郁、超重，并对厌恶的东西产生敌意。而呼吸则是摆脱这种情感包袱的最快方法。

现在，请跟我一起，在两分钟时间内以尽可能快地呼吸：吸气、呼气、吸气、呼气……每一口呼吸都尽可能浅，两分钟之后，看看自己感觉如何。接着，再尽可能慢地呼吸，体会自己的感觉。你可以对比一下这两种呼吸方式对你情绪的影响，看看究竟哪种方式能让你感觉更好。

所以说，要想改变生活，首先改变呼吸。

2 核心肌肉群

梁先生曾忍受了多年腰痛之苦，医生认为这是因为他年纪大了。我告诉他：“这是因为你的核心肌肉群太弱了，你首先应该集中精力打造一个强壮的核心，然后看看腰痛情况会不会缓解。”于是，我开始带他做平撑运动。在最开始的两周，梁先生每天做 3 次平撑，每次 10 秒钟，通过这个简单的练习，他发现自己站得更直了，而且腰痛开始有所缓解。当然这只是一个开始。

现在的媒体似乎都会把 6 块腹肌视作力量的象征进行宣传，但这并没有体现核心肌肉群的力量。有了 6 块腹肌并不意味着你的核心肌肉群已经练得够强，事实上，那些媒体照片里的壮汉中，有不少人第一次做平撑时甚至都坚持不了 1 分钟。锻炼核心肌肉群是任何训练项目中的基础，它涉及腹部和背部的所有肌肉。如果把核心肌肉群练好了，你的体姿变得很好，这意味着你的呼吸也将更为顺畅，身上所有的肌肉都会因此得到强化。核心肌肉群的强弱程度决定了整个人体的力量，它是为你身体打下基础的一整组肌肉——就如同盖房前要打好的坚实地基。

3 臀部

当我第一次与梁先生见面，我注意到他起身时为了让身体离开椅子，不得不把双手撑在膝盖上。刚开始他以为这只是一种由于腰疼而养成的习惯，但事实上，这样的疼痛多半是由于核心肌肉和臀部肌肉力量不足引起的。

如同忽视核心肌肉群一样，人们往往也会忽视臀部肌肉群的重要性。事实上，这两组肌肉群都关系到我们的运动能力、身体姿态和身体的行动力。通常来说，一个人若是浑身乏力，很大程度上是因为臀部肌肉群和核心肌肉群不够强壮。那些不重视锻炼核心肌肉群的人，往往也不重视对臀部肌肉群的锻炼，这会导致一大堆负面结果。由于没能正确使用臀部肌肉群，你可能会过度使用某身体的其他部分，这最终会导致身体损伤及慢性疼痛。比如说，有些人因为膝关节受伤而感到疼痛，最终不得不接受手术。导致膝关节受伤的原因有很多，其中之一就是没能正确使用臀部肌肉群，从而导致膝盖使用过度。

臀部肌肉群主要由三大块肌肉组成：臀大肌（臀部）、髋部屈肌和内收肌。

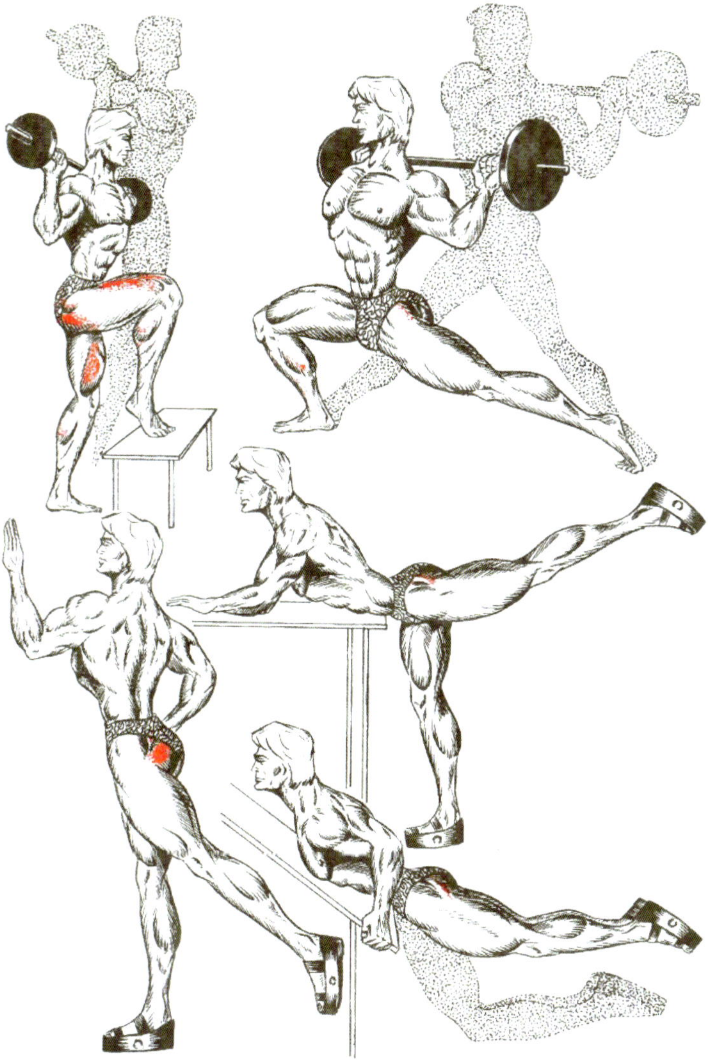

臀大肌是人体体积最大的肌肉，行走、跑步、骑车、上楼——几乎所有与运动相关的行动都用得上臀部肌肉群，但大多数人的臀部肌肉群都不够强壮。

髋部屈肌是位于髋部前侧的一组肌肉，它承担着一系列功能，例如拉近大腿和躯干之间的距离，也与你的核心肌肉群存在着关联。

臀部肌肉是支撑身体大框架和运动必不可少的一部分。如果拿汽车打比方，臀部肌肉群就如同发动机，发动机太弱的话，车子最终会熄火。

就这样，梁先生首先从营养搭配和转变思想入手，给接下来的锻炼打下了良好基础。接着，他在弄清楚 8 组肌肉群后意识到自己需要锻炼，所以就开始每天做起了 8 分钟练习，并改变了自己的生活。

这个例子虽然比较极端，但它却说明这些看似简单的锻炼确实能改变你的生活。

4 下肢

我们经常能看见许多有着倒三角身材的人，无论这些“倒三角”的上半部分是肌肉还是脂肪，下半部分却都是两条细腿。我们且不管这些人上半部分到底是什么，只要是这种不成比例的身材都是不好的。如果一个人的下肢肌肉群不够强，那么下肢将承受过大的压力，对人体造成伤害。许多做过膝关节修复手术的人都告诉我，他们的腿在手术之前就不够强，现在更弱了。无论是手术前还是手术后，就算不去健身房，你也有增强下肢肌肉力量的方法。与锻炼核心肌肉群和臀部肌肉群一样，你可以做做简单的 8 分钟练习，把下肢肌肉群练到它们应有的强度。

虽然下肢肌肉群对人体尤其重要，但大多数人的下肢依然不够强壮。下肢肌肉群主要分为这么几组：四头肌、股后肌群、小腿肌肉和脊屈肌。四头肌位于身体前方，你伸腿时就会用到这组肌肉；股后肌群在你舒展臀部和收缩膝盖时发挥作用。这两组肌肉有着令人难以置信的力量，但大部分人很少用到它们，因为你整天坐在电脑前根本用不上这两组肌肉。就跟臀部肌肉群一样，如果你不使用这两组身体为某些特定动作“量身定制”的肌肉，其他肌肉就不得不承担这两组肌肉的工作。比如说，如果你不使用臀大肌和股后肌群，背部就可能经常疼痛，因为背部承担着本该由臀部肌肉群、臀大肌和股后肌群承担的工作。所以，如果你试着使用那些正确的肌肉，

就会发现背部不再疼痛了。

5 上半身

当我要求梁先生锻炼上半身时，他对我说："我确实想把自己练成倒三角，因为现在的我看上去很不健康，但我不喜欢提重的东西。"于是，我把上半身的训练方法告诉了他：锻炼上半身、手臂和肩膀，我们只需要注意肌肉的推拉即可。如果你恰当地掌握了其中的平衡，完美的上半身、手臂和肩膀是能够练出来的。我还提醒他，我们并不是要把自己练成健身杂志上的封面模特，而是要给身体打一个好基础，让自己变得健康、强壮、有活力。之前，梁先生看起来比他的实际年龄老了 10 多岁，但现在看上去，简直是个比实际年龄年轻 20 多岁的年轻人。

胸部的肌肉十分重要，因为它们能帮助你保持身体平衡，支撑背部。背与脖子之间的区域由许多肌肉组成，这些肌肉能使你撑住自己的头，并保持良好的姿势。胸部的肌肉也被称为胸肌，它们同样十分重要，因为你在搬运重物和旋转身体时会用到这些肌肉。

6 手臂

我们可以把手臂分为前臂和上臂。前臂包括伸肌和屈肌，这些肌肉能有效增强你的抓握力。上臂包括肱二头肌肱三头肌，如果这些肌肉足够强壮，你的肩膀和背肌就会更加稳定。

7 肩膀

肩膀上的肌肉也被称为三角肌。三角肌分为三块区域：前、中、后。我们在锻炼这三块区域的时候尤其要注意平衡，以打造体态匀称的身体。强壮的肩膀虽然不能对增强身体的基本素质起到多大作用，但肩膀对于做推拉运动，尤其是抬物品时是十分重要的。

8 体内之气

课程结束后，梁先生告诉我，他学到的一些知识意义极其深远，早已超出了锻炼身体的范畴。他对我说：“倪腾，你不断地强调气的重要性，这使我重新把注意力集中到了气上，并使自己能够心无旁骛地锻炼。它确实使我重新发现了自我，让我把注意力集中到自己的思想上，也更加关注眼前的事物。我好多年都没有过这样的感觉了，因为我之前的心思都花了在别的事情上：念最好的学校、找最好的工作、赚一大把钱、给家庭买必需品等等，而我从没花过任何时间好好享受过当下。从某个方面来说，我觉得你带我重新找回了中国古代对气和宇宙能量的认识，包括功夫在内，许多中国传统运动都在实践中运用了这些知识。找回自我不仅使我变得更加健康，还使我对各种事情都有了贴近本质的深刻认识。”

与第一次锻炼相比，梁先生的表现确实更加平静了。现在，他能够专心投入、心平气和地锻炼，运动似乎已经成为他每天用来冥想和集中注意力的方式。

气是生命的能量，是维持你活着的要素。通过本章，我希望你能对自己的气有更多了解，并明白如何掌握自己的气。理解气及其运行方式极为重要，因为根据传统中医的观点，你的情绪对整体健康起到了至关重要的作用。如果你不对自己的情绪加以管理，它将对你的心理、生理以及生活的方方面面产生不利影响。只有管好自己的气，管好自己的情绪，你才能变得更加健康。

如气功、太极拳等，许多传统中医运动都旨在增强人与气之间的联系。在东方，人们相信能量抑或是生命之力会在你的体内沿着经脉和穴位运行。如果你情绪不稳，对某人愤恨不已，那么你体内的气就会运行不畅，可见气不仅与你自己有关，还与周围的人有关。

根据传统中医理论，不良情绪会导致你生病、疲劳，并引发一系列不良症状，甚至超重等问题可能也是由你体内之气运行不顺导致的。如果你没有管好自己的气，或者是体内之气失去了平衡，就难以维持健康状态，难以追求自己想要的生活。从西方的角度来看，这也是有道理的。如果你一直为过去发生的事情闷闷不乐，那还怎么活在当下，抑或是迈步前行？这一思想我在第四章“思考和感恩”中曾经详细谈过。在印度修行时，我曾注意到，最快乐和博爱的僧侣都是活在当下的，他们并不执著于过去和未来，只是淡然地活着。

下一章，我将教你如何做简单的 8 分钟练习。这套练习在刚开始时可能做起来很难，因为你的气并没有顺畅流动，但做了几次之后，你会发现练习变得越来越容易。你应该让思想先于身体而动，因为身体的运动与气相连，如果你总是缩手缩脚，表现得很紧张，你的气在运行时同样会受到阻碍。

这套练习的目标是通过 8 分钟练习，让你把东方的气和现代的西方运动结合起来，使气与身体相连，让你对自己的气加以管理。这样，你在练习中不仅能修复身体，还能修复心灵。如果你能把这套练习与我们前面提到的营养搭配 8 原则和健康饮食结合起来，那你就拥有了一套追求健康的必杀技。

CHAPTER 08

8分钟练习

合抱之木，生于毫末；九层之台，起于累土；千里之行，始于足下。

——老子

第一次跟林太太见面时，她已经 45 岁了。她生过一个孩子，而且自 18 岁以后就没锻炼过。周围许多朋友都说她胖，所以她想要改变，可她害怕运动，所以我在第一次上课时就让她问自己："这些运动会伤害我的身体吗？会让我感到痛苦吗？为什么同龄人可以锻炼，而我却不能？难道我的年纪真的太大了？如果不锻炼，是否还有其他方法能取得同样的效果？"

我能理解林太太为什么害怕运动，许多客户也都有过与她类似的情况。很多人在第一次做完 8 分钟练习后都感到疲惫不堪，其中许多动作在刚开始做时十分困难，比如你可能才做了两秒钟平撑就趴下了。不过无需担心，你在第一周锻炼时可能会浑身酸痛，但随着练习量的慢慢增加，你对练习的熟悉程度也会不断提高。你可能还会注意到身体逐渐发生的变化，即使你觉得自己在练习时汗流浃背，十分吃力，跟一个傻瓜似的，但在完成练习后，你一定能获得巨大的成就感和心理安慰。

第一次做 8 分钟练习时，林太太几乎没有一个动作能连续做 10 秒钟以上，而且在第一次锻炼结束后的 4 天时间里，她几乎什么都做不了，她以为这会大大拖慢她的进度。我后来向她解释了这种身体的疼痛意味着什么。通常来说，我们会避免做让自己感到疼痛的事，但无论是以前还是现在，能感受到疼痛都是一件好事，因为它证明你在锻炼时付出了全力。

慢慢地，林太太开始逐步改变对运动的看法。随着锻炼的持续进行，她变得越来越自信，并逐渐敢于挑战以前曾使她感到畏惧的事物。运动给她的个人生活和职场生涯带来了强大的激励。林太太说："既然我受得住锻炼带给身体的痛苦，我也就敢于迎接任何挡在前面的挑战。"

经过 8 周时间，林太太成了一个热爱运动的人，她已经能坚持平撑 5 分钟。在这 8 周时间里，通过坚持 8 分钟练习和营养搭配 8 原则，她瘦了 10 千克。在 8 周锻炼结束后，她决定再做一轮 8 周锻炼。没过多久，她的背不再疼痛，肌肉也不再酸胀，所有人都觉得她的体形变好了，林太太也觉得自己变得更加年轻了……就这样，在坚持锻炼的一年时间里，由于林太太不断迎接挑战，因此在工作中得到了提拔，薪水也翻了一倍。

这一切都要归功于下面这套可以随时随地进行的 8 分钟练习。

我要再次强调，做这套练习总共只需花费 8 分钟时间！如果你时间充裕，或者想多练一会儿，那你可以在完成一轮练习后做第二轮，甚至是更多轮。刚开始时，你可以每个动作只做 5 秒，然后休息 25 秒。但在第 8 周时，你应该争取每个动作做 25 秒，只休息 5 秒。你甚至可以尝试在身体完全适应之后，不间断地锻炼 8 分钟，完全不休息停顿，但整套练习加起来的总时间应该还是 8 分钟。

如果你还没有完成本书第三章的评估，那就应该在完成评估之后再开始锻炼。你应该先了解自己当前的状态，并拍照记录当前的体形，然后把第九章的日程表打印出来。通过这个日程表，你可以结合自己的实际水平决定每天做各项练习时该花多少时间。

如果你年纪较大，抑或是超重、哮喘、曾经受过伤，那你在做这些练习时必须时刻小心，在做任何运动前也必须先咨询医生的意见。在运动时遵循正确的方法并采取适当的形式也同样重要，即使每次运动你只做 3 秒钟。

我在下文所列的运动里，已经包括了热身运动和整理运动，在练习过程中，你只需简单地照着顺序做即可。正确的呼吸方法和对核心的锻炼能使你的身体燃烧起来。如果你对自己充满信心，那么练习的结果也将立竿见影。就跟我教林太太运动时一样，我列出这些运动并不是想写一本锻炼百科全书，目的是使你的身体动起来。在实际操作的过程中，你可能会觉得这些练习很难，但它们能把你几十年时间里落下的运动补回来。

如果你在做跳跃练习（也就是强化训练）时感到疼痛，那可以用一些其他的动作进行替代（但肌肉应做到等长收缩）。如同适应其他任何新事物一样，你同样需要花费一些时间来适应这些运动。只有投入了时间、耐心和信念，你才能真正掌握一项技能。

在每位客户开始运动之前，我都会提醒对方进行冥想和思考，点燃积极的锚定，重复激励的警句。

做下列每个动作需要你花 30 秒时间，在做完一个动作后，你可以休息一下，然后继续做下一个动作。在第一次做 8 分钟练习时，你可以在每个动作上花 5 秒钟时间锻炼，用 25 秒钟时间休息，而到了第 8 周，你的锻炼和休息时间则应该反过来——用 25 秒钟锻炼，用 5 秒钟休息。在开始练习前，你需要准备一块秒表或是某种计时装置，确保自己跟上了进度。

记得重新翻回第四章，想想自己开始这个锻炼计划时的初心是什么。

请按顺序练习下列动作（做每个动作用时 30 秒，其中包括休息时间）：

1. 跳跃式蹲起　2. 交互式箭步　3. 平撑　4. 俯卧撑　5. 下沉式箭步
6. 跳跃式箭步　7. 摸脚趾卷腹　8. 肱三头肌屈伸　9. 蹲起　10. 深蹲
11. 交叉式登山式练习　12. 侧撑（每侧 15 秒）
13. 单腿支撑，上身前倾探地（右腿）　14. 单腿支撑，上身前倾探地（左腿）
15. 平撑　16. 仰卧起坐

01 跳跃式蹲起

练习目的 加强腿部力量，加快心率。

动作流程 开始时保持站立姿势，接着下蹲，在蹲到最接近地面的时候跳起来。

温馨提示 如果这个动作让你的膝盖感觉疼痛，那你就只做前面的几个步骤，最后不用跳起来。刚开始时你可以做得慢一点，当你觉得做这个动作并不那么难时，就可以适当加快速度。

02 交互式箭步

练习目的 锻炼腿部肌肉，加强腿部力量。

动作流程 开始时保持站立姿势，接着右腿向前迈一步，左膝盖几乎触地，然后恢复成站立姿势，并交换双腿再做一次。

温馨提示 请确保肩膀没有前倾。做这个动作肩膀必须往后，头必须朝前。刚开始时你可以做得慢一点，当你觉得做这个动作并不那么难时，就可以适当加快速度。

A

B

C

D

TIPS

请确保身体放得够低。注意不要让膝盖撞到地板。

03 平撑

练习目的 增强核心肌肉群的力量和稳定性，明显提升你的整体健康水平。

动作流程 用前臂和脚趾抵住地面，然后把身体的其他部分从地板上提起来，使身体完全与地面保持平行。

温馨提示 如果这个练习能让你做到出汗的程度，那你简直是太了不起了。你的目标是每周让自己平撑的持续时间翻一番，这样的话，3 个月之后你就能连续做 2 ~ 3 分钟的平撑了。我建议你每天坚持做平撑运动，就算你不做其他运动，只是在每天起床后做一会儿平撑，这同样能达到锻炼身体、点燃“核心”的效果。

TIPS
你应该盯着地面，让脖子和地面保持平行，同时控制自己的呼吸，使其保持稳定（用鼻子吸气，用嘴呼气）。

TIPS
不要让你的腰沉下去。

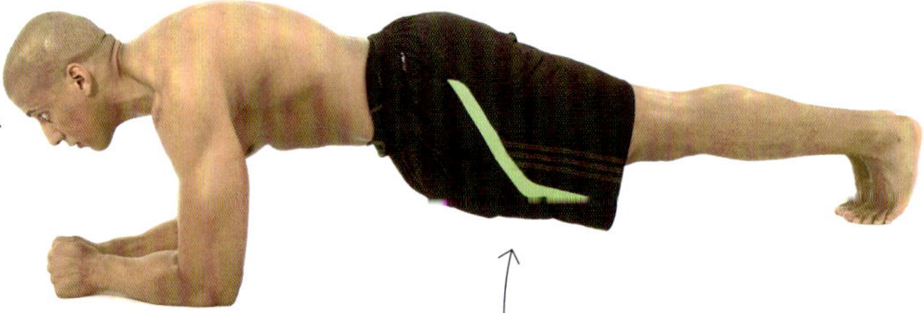

TIPS
不要让臀部贴近地面。

04 俯卧撑

练习目的 锻炼肩膀、手臂和胸部。

动作流程 手臂伸直，身体保持平撑的动作。接着放低身体，让胸部和下巴触地，然后恢复成一开始的姿势。你的双腿应该一直保持绷直状态，而且不能接触地面。

温馨提示 就算你每次只能做一两个俯卧撑，也应该保持动作标准。标准的动作比俯卧撑的数量更加重要。

TIPS
保持动作的标准，
把每个动作都做到位。

A

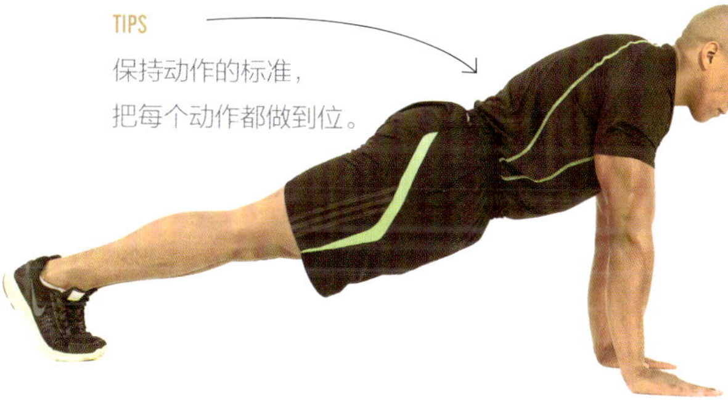

TIPS
下巴着地。

B

05 下沉式箭步

练习目的 锻炼臀部和腿部肌肉，增强全身力量和稳定性。

动作流程 开始时保持箭步姿势，左腿往前，膝盖朝地，背挺直。始终保持箭步姿势。先让左腿往前，然后双腿交换，让右腿往前。

温馨提示 这个动作能增强腿部和核心肌肉群的稳定性。

A

B

TIPS

身体上下运动
而非前后运动。

06 跳跃式箭步

练习目的 增强腿部力量和整体健康水平。

动作流程 开始时保持箭步姿势，然后跳起，在空中交换双腿。这跟做交互式箭步的动作很像，但你需要跳起来。

温馨提示 你需要确保练习过程的连贯性，在运动过程中暂停会破坏你的节奏。

TIPS
为了保证运动达到最佳效果，应该连贯完成动作，不要出现停顿。

TIPS
确保在做所有箭步动作时不要让膝盖触地。

07 摸脚趾卷腹

练习目的 练出紧致腹肌，强化核心肌肉群。

动作流程 躺在地上，一条腿伸直，另一条腿弯曲，然后用双手触摸弯腿的脚踝。在做这个动作时，你的上半身只会轻微地上下移动。接下来，交换双腿，做同样的动作。

温馨提示 注意保持腹部肌肉的紧张，不要让它们放松。

A

TIPS

必须确保腹部肌肉总是处于紧绷状态。

B

08 肱三头肌屈伸

练习目的 锻炼上臂和肩部肌肉。

动作流程 找一把椅面高于膝盖的椅子，将双臂撑在椅子上，让臀部高度略微低于椅面。双臂不可伸直，应该保持略微弯曲。接下来，让你的身体应该尽可能地往下探，直到手臂弯曲到 90 度，然后手臂再重新把身体往上撑，回到开始时的位置。

温馨提示 在练习时想想锻炼能带给你什么，当下的小小痛苦能换来身体上的巨大回报。

TIPS

就算你感到双臂像烧起来了一样，也要坚持练习这个动作。

TIPS

做这个动作时千万不要让双臂在背后反剪卡住。在不接触地面的前提下尽力向下探身。

09 蹲起

练习目的 加强腿部肌肉。

动作流程 站立时让双脚与肩同宽，双臂交叉放在胸前。先蹲下，让手肘碰到膝盖，然后站起回到开始时的位置。在下蹲时，你的臀部应该蹲到与膝盖同高的位置，然后站起。

温馨提示 让所有动作保持连贯。如果你觉得很难把动作做到位，那就在身后放一把椅子，然后再蹲下站起。

A

B

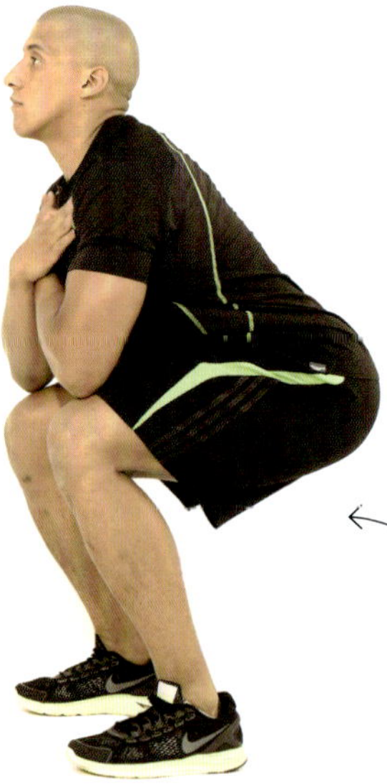

TIPS

重点是让臀部在沉到膝盖高度后再重新回到原位，不要做成半蹲动作。蹲起这个动作十分自然，因为绝大多数人整天从椅子上起起坐坐，这相当于在没有椅子的情况下完成这个动作。

10 深蹲

练习目的 锻炼腿部肌肉和核心肌肉群，让肌肉等长收缩。

动作流程 跟蹲起动作一样，但是当你蹲下去以后，请尽量保持下蹲的动作。

温馨提示 蹲下去之后不要立刻起来，确保自己目视前方，背部挺直。

11 交叉式登山式练习

练习目的 加强腹肌。

动作流程 身体保持做俯卧撑时的姿势，然后双腿不断交换往前提，就好像你在做俯卧撑时跑步一样。

温馨提示 膝盖尽可能抬高，并让臀部放低，保持平撑姿态。腿在往前提的时候最好能让膝盖碰到手肘。

A

TIPS

即使已经处于疲惫状态，你也应确保自己的动作是标准的。如果你无法做出正确的姿势，那就停下来休息一会儿，然后重新开始。

B

TIPS

要能控制自己的动作，即使做得慢一些也没事。你可以在感觉舒服一些之后再加快速度。

12 侧撑

练习目的 加强核心肌肉群，锻炼斜肌，打造健硕的侧肌。

动作流程 做出平撑的姿态，但不是用双手手肘撑住地面，而是使用单手手肘。你可以交换双手，但身体应该完全离开地面。

温馨提示 在锻炼时候保持身体挺直。

13 单腿支撑，上身前倾探地（右腿）

练习目的 锻炼腿部肌肉，增强你的平衡性。

动作流程 用左腿站立，右膝提起，同时抬起左手，把右手置于身后，做出正在跑步的姿势。接着，身体下沉，用右手触地，同时左手向后伸，使身体保持平衡。最后回到开始时的直立姿势，并重复同样的动作。

A

TIPS

如果你觉得这个练习还算容易，可以在保持动作标准的同时尽可能加快速度。

B

TIPS

注意保持身体平衡

14 单腿支撑，上身前倾探地（左腿）

练习目的 锻炼腿部肌肉，增强你的平衡性。

动作流程 用右腿站立，左膝提起，同时抬起右手，把左手置于身后，做出正在跑步的姿势。接着，身体下沉，用左手触地，同时右手向后伸，使身体保持平衡。最后回到开始时的直立姿势，并重复同样的动作。

A

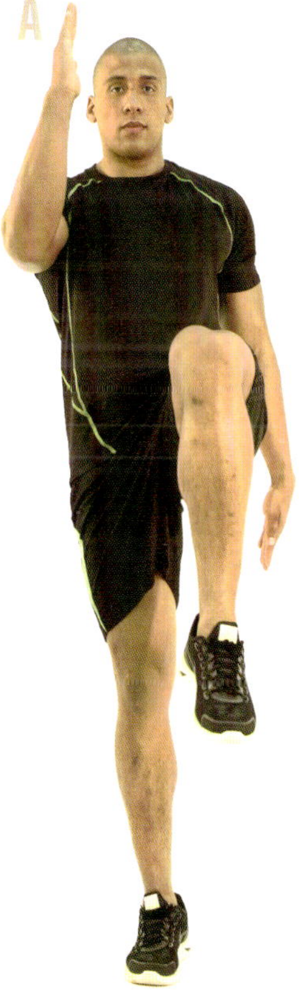

B

TIPS

注意保持身体平衡

15 平撑

练习目的 增强核心肌肉群的力量和稳定性，明显提升你的整体健康水平。

动作流程 用前臂和脚趾抵住地面，然后把身体的其他部分从地板上提起来，使身体完全与地面保持平行。

温馨提示 如果这个练习能让你做到出汗的程度，那你简直是太了不起了。你的目标是每周让自己平撑的持续时间翻一番，这样的话，3 个月之后你就能连续做 2 ~ 3 分钟的平撑了。我建议你每天坚持做平撑运动，就算你不做其他运动，只是在每天起床后做一会儿平撑，这同样能达到锻炼身体、点燃“核心”的效果。

16 仰卧起坐

练习目的 加强腹肌。

动作流程 平躺在地上，膝盖微曲，利用腹部肌肉的力量提拉身体，用手触摸膝盖（也可以越过膝盖），然后身体回到初始姿势，不断重复该动作。

A

B

TIPS

切忌用力过猛。

练习结束后半小时，喝一杯合你口味的鲜榨蔬果汁。

练习结束后一个小时，吃一顿富含蛋白质的便餐，促进肌肉的恢复，并给身体补充所需的营养。与此同时，遵循前面说过的营养搭配 8 原则，保持身体健康强壮。

注意以下四个方面：

- **不要在饭后一小时内运动；**
- **在运动前后不要吃甜食；**
- **在运动前不要吃任何药物，同时务必咨询医生的建议；**
- **运动时不要穿错误的衣物，如牛仔裤、制服等。**

8 周后，林太太的精神面貌焕然一新，像变了个人似的，她觉得自己在掌控身体这 8 个重要方面，甚至能感知它们在如何运作。现在无论是爬楼梯、久站，还是做一般的清洁性家务，林太太再也不拿“我太老了”或“关节僵硬”作为借口了。其实无论是“太老”还是“关节僵硬”，你都可以通过练习让自己回归生活、更享受生活。别总是待着不懂，要知道，我们的身体就是为了动而设计的。

一旦锻炼成为了你日常生活中的一部分，你就可以不断提高运动的强度、时间和次数。比如，你可以增加平撑的时间，也可以增加做俯卧撑的次数（同样可以加快做俯卧撑的速度）。如果你希望增强腿部运动的效果，也可以同时增加运动的时间和次数，这完全取决于你。

你要记住：如果你偶尔有一天没有锻炼，完全没问题，但你不要让这没有锻炼的一天成为你停止锻炼的第一天。

在完成了 8 周锻炼计划后，你可以翻到第十一章，看看自己还可以做些什么。

CHAPTER 09

重返核心：8 周锻炼计划

民之从事，常于几成而败之。慎终如始，则无败事。

——老子

要想拥有健康的体魄，除了前面谈到的感恩和合理饮食之外，你还是免不了要做一些运动。对一些读者来说，这听起来可能有些吓人，可一旦你克服了思想上的障碍，这将会变得十分轻松。更重要的是，运动将会对提升你的整体素质和能力起到重要的作用，让你过上想要的生活。

接下来你可以根据自己的实际情况，开始下面的 8 周锻炼计划了。

首先我要告诉大家的是，本章谈到的 8 周锻炼计划适用于所有想要提高健康水平的人，包括成人和儿童。该计划融合了东西方文化中关于健康的思想精华，吸收了传统中医的针灸和按摩等东方元素，再加上西方的健身技巧，能让你对身体进行整体锻炼，帮助你有效提升健康水平，使身体达到最佳状态。

如果你的身体状态较差，可以从头开始，按部就班地完成 8 周锻炼计划；如果你的身体状态相当好，比如已经达到游龙状态，则可以试着跳过第一阶段，直接进入经二阶段的锻炼。

经过 8 周的锻炼之后，你的身心将达到近乎完美的平衡状态：你会感到浑身充满活力与能量；你将变得精力充沛，不再被体重问题困扰；你的皮肤也将变得更加透亮和光滑；你还会睡得更好，逐渐返回核心状态，过上更加美好的生活。

同样，在开始之前，我要再次提醒大家：在开始任何锻炼计划前，一定要先咨询医生。

下面我将教你一套 8 分钟练习法，你能在任何时间、任何地点都能完成这套练习。这套练习的目的是帮你提升心率、锻炼肌肉、减少脂肪，如果你已经肌肉健硕，这套练将燃烧你摄入体内的卡路里。随着肌肉含量的增加，你的新陈代谢也会加快，这意味着你燃烧卡路里的速度也将增加。此外，在本章当中，我们还将谈到一些与人体息息相关的肌肉群。

这套练习法分为 4 个阶段，每个阶段持续两周。我建议每个人都先从基础的阶段开始，哪怕测试结果表明你已经是条“游龙”，因为这套 8 周锻炼计划始终有效，只不过你可以加大锻炼的频率和强度。如果你觉得自己还没做好步入下一阶段的准备,可以选择保持现在所处的阶段,直到准备完全。切记,本书只是给你提供一个指南，你必须在舒适而非充满压力的情况下完成整个过程。

第 1 阶段——唤醒睡猪（调节）

第 2 阶段——驯服憩猴（蓄力）

第 3 阶段——助力猛虎（前进）

第 4 阶段——成为游龙（冲刺）

你准备好踏上这段改变人生的旅程了吗?

查看下文中的图表。每天你都有几件事需要完成，在完成这些事情后，你可以在前面的方格内打个勾，如果没能完成，就得在方格内画个叉。记住，你在训练之前一定要先进行思考和感恩，同时严格遵循营养搭配原则。

你会发现，每过两周，练习的强度都会有所增加。做记录并不难，你只需要在方格内打勾或者画叉，重要的是你每天都要做记录。如果你在第一个月的每一个方格里都打上了勾，你会发现自己的体重开始下降，身体也开始主动调节。你还会发现你在健身之后感觉更轻松，身体不再感到酸痛，睡眠也有所改善，整个人变得更有活力。

第 1 个月：

第 1 天	第 2 天	第 3 天	第 4 天	第 5 天	第 6 天	第 7 天
思考和感恩 营养搭配原则 8 分钟练习：锻炼 5 秒，休息 25 秒	思考和感恩 营养搭配原则 8 分钟练习：锻炼 5 秒，休息 25 秒 步行 30 分钟	思考和感恩 营养搭配原则 8 分钟练习：锻炼 5 秒，休息 25 秒	思考和感恩 营养搭配原则 8 分钟练习：锻炼 5 秒，休息 25 秒 步行 30 分钟	思考和感恩 营养搭配原则 8 分钟练习：锻炼 5 秒，休息 25 秒	思考和感恩 营养搭配原则 8 分钟练习：锻炼 5 秒，休息 25 秒 步行 30 分钟	休息
第 8 天	**第 9 天**	**第 10 天**	**第 11 天**	**第 12 天**	**第 13 天**	**第 14 天**
思考和感恩 营养搭配原则 8 分钟练习：锻炼 5 秒，休息 25 秒	思考和感恩 营养搭配原则 8 分钟练习：锻炼 5 秒，休息 25 秒 步行 30 分钟	思考和感恩 营养搭配原则 8 分钟练习：锻炼 5 秒，休息 25 秒	思考和感恩 营养搭配原则 8 分钟练习：锻炼 5 秒，休息 25 秒 步行 30 分钟	思考和感恩 营养搭配原则 8 分钟练习：锻炼 5 秒，休息 25 秒	思考和感恩 营养搭配原则 8 分钟练习：锻炼 5 秒，休息 25 秒 步行 30 分钟	休息
第 15 天	**第 16 天**	**第 17 天**	**第 18 天**	**第 19 天**	**第 20 天**	**第 21 天**
思考和感恩 营养搭配原则 8 分钟练习：锻炼 10 秒，休息 20 秒	思考和感恩 营养搭配原则 8 分钟练习：锻炼 10 秒，休息 20 秒 步行 30 分钟	思考和感恩 营养搭配原则 8 分钟练习：锻炼 10 秒，休息 20 秒 步行 30 分钟	思考和感恩 营养搭配原则 8 分钟练习：锻炼 10 秒，休息 20 秒 步行 30 分钟	思考和感恩 营养搭配原则 8 分钟练习：锻炼 10 秒，休息 20 秒	思考和感恩 营养搭配原则 8 分钟练习：锻炼 10 秒，休息 20 秒 步行 30 分钟	休息

第 22 天	第 23 天	第 24 天	第 25 天	第 26 天	第 27 天	第 28 天
思考和感恩 营养搭配原则 8 分钟练习：锻炼 10 秒，休息 20 秒	思考和感恩 营养搭配原则 8 分钟练习：锻炼 10 秒，休息 20 秒 步行 30 分钟	思考和感恩 营养搭配原则 8 分钟练习：锻炼 10 秒，休息 20 秒 步行 30 分钟	思考和感恩 营养搭配原则 8 分钟练习：锻炼 10 秒，休息 20 秒 步行 30 分钟	思考和感恩 营养搭配原则 8 分钟练习：锻炼 10 秒，休息 20 秒	思考和感恩 营养搭配原则 8 分钟练习：锻炼 10 秒，休息 20 秒 步行 30 分钟	休息

第 2 个月：

第 1 天	第 2 天	第 3 天	第 4 天	第 5 天	第 6 天	第 7 天
思考和感恩 营养搭配原则 8 分钟练习：锻炼 15 秒，休息 15 秒	思考和感恩 营养搭配原则 8 分钟练习：锻炼 15 秒，休息 15 秒 步行 30 分钟	思考和感恩 营养搭配原则 8 分钟练习：锻炼 15 秒，休息 15 秒 步行 30 分钟	思考和感恩 营养搭配原则 8 分钟练习：锻炼 15 秒，休息 15 秒 步行 30 分钟	思考和感恩 营养搭配原则 8 分钟练习：锻炼 15 秒，休息 15 秒 步行 30 分钟	思考和感恩 营养搭配原则 8 分钟练习：锻炼 15 秒，休息 15 秒 步行 30 分钟	休息

第 8 天	第 9 天	第 10 天	第 11 天	第 12 天	第 13 天	第 14 天
思考和感恩 营养搭配原则 8 分钟练习：锻炼 15 秒，休息 15 秒	思考和感恩 营养搭配原则 8 分钟练习：锻炼 15 秒，休息 15 秒 步行 30 分钟	思考和感恩 营养搭配原则 8 分钟练习：锻炼 15 秒，休息 15 秒 步行 30 分钟	思考和感恩 营养搭配原则 8 分钟练习：锻炼 15 秒，休息 15 秒 步行 30 分钟	思考和感恩 营养搭配原则 8 分钟练习：锻炼 15 秒，休息 15 秒 步行 30 分钟	思考和感恩 营养搭配原则 8 分钟练习：锻炼 15 秒，休息 15 秒 步行 30 分钟	休息

第 15 天	第 16 天	第 17 天	第 18 天	第 19 天	第 20 天	第 21 天
思考和感恩 营养搭配原则 8 分钟练习：锻炼 20 秒，休息 10 秒 步行 30 分钟	思考和感恩 营养搭配原则 8 分钟练习：锻炼 20 秒，休息 10 秒 步行 30 分钟	思考和感恩 营养搭配原则 8 分钟练习：锻炼 20 秒，休息 10 秒 步行 30 分钟	思考和感恩 营养搭配原则 8 分钟练习：锻炼 20 秒，休息 10 秒 步行 30 分钟	思考和感恩 营养搭配原则 8 分钟练习：锻炼 20 秒，休息 10 秒 步行 30 分钟	思考和感恩 营养搭配原则 8 分钟练习：锻炼 20 秒，休息 10 秒 步行 30 分钟	休息
第 22 天	**第 23 天**	**第 24 天**	**第 25 天**	**第 26 天**	**第 27 天**	**第 28 天**
思考和感恩 营养搭配原则 8 分钟练习：锻炼 25 秒，休息 5 秒 步行 30 分钟	思考和感恩 营养搭配原则 8 分钟练习：锻炼 25 秒，休息 5 秒 步行 30 分钟	思考和感恩 营养搭配原则 8 分钟练习：锻炼 25 秒，休息 5 秒 步行 30 分钟	思考和感恩 营养搭配原则 8 分钟练习：锻炼 25 秒，休息 5 秒 步行 30 分钟	思考和感恩 营养搭配原则 8 分钟练习：锻炼 25 秒，休息 5 秒 步行 30 分钟	思考和感恩 营养搭配原则 8 分钟练习：锻炼 25 秒，休息 5 秒 步行 30 分钟	休息

CHAPTER 10

写给你的家庭健康计划

修之于身，其德乃真；修之于家，其德乃余。

——老子

为了更健康，张飞和王佳这对夫妻研究了很多健身和营养计划，但最后都没有成功。那些计划既繁杂又无聊，而且看不到任何效果。后来他们告诉我："Tony，我觉得这些营养搭配和锻炼计划纯粹是在浪费时间，每次锻炼完之后我都很头疼，这种感觉太讨厌了。"我告诉他们，这是因为身体正在摆脱几十年来累积的毒素和垃圾。

这样的对话一次又一次地重复，直到有一天，他们 9 岁的孩子 Alex 来上课了。Alex 对我说的这些观点很感兴趣，他总是不断谈论我说的各种锻炼方法。

几个星期后，我接到了 Alex 父母的电话，他们说 Alex 现在像换了一个人。他不仅开始坚持锻炼，而且还严格遵守我的营养搭配指导，甚至做起了思考和感恩练习，"太不可思议了！"

故事并未就此结束，Alex 的生活也出现了精彩的变化：他加入了两个运动队，并成为了队里公认的强手，他还交到了许多新朋友。更重要的是，他的学业也有了起色。老师们说："Alex 所有功课都有了进步，他热爱学习，在每门功课中都投入精力并乐在其中。你们究竟对他做了什么？"

看到 Alex 的变化之后，张飞和王佳也受到了激励。一家人在大清早一块儿锻炼已经成了一种家庭活动，他们大呼过瘾，觉得自己锻炼得还不够。几个星期以后，这对夫妻来找我，希望能从我这儿得到更多健身资讯，这种大逆转使一家人都变得更加健康、有活力。

这个故事听起来很平常，但它说明孩子会对我们的生活起到巨大而积极影响。作为一名健身教练，我发现我执教的每个中国家庭都出现了类似的情况：一些简单的营养搭配原则和锻炼改变了孩子，父母看到了孩子发生的积极变化，从而变得更有动力，一家人也因此而紧紧地联系在一起。

在这一章，我们将讨论我们的下一代：孩子。就算这本书没能对你产生影响，它至少也应该对你的孩子有所影响。如果我们不能把电视、电脑、快餐、不健康和不卫生的生活方式赶出孩子们的生活，那我们的教育不就失败了吗？许多人会说，他们的孩子已经掌握了健康的生活方式，做着健康的事情。在读完本书之后，你需要重新反思孩子们现在的生活方式究竟是好是坏。如果你不能让孩子掌握健康的生活方式并投入运动，那你就是一个糟糕的家长，因为你给孩子的身体打下了糟糕的基础。

问问自己，你是否希望孩子们能更有活力和激情，活得更健康？你是否希望他们能免受疾病侵扰，没什么压力，能更加专注学业，全身心投入所有课堂活动之中？那么，这一章教你的几种简单方法，能使你找到以上所有问题的答案。

切记，在行动之前，带孩子去医院检查一下身体，确保孩子身体健康是下一步行动的重要前提。

下面我会告诉你一些能让孩子变得更健康的简单方法。这些方法第一眼看上去可能有些奇怪，但如果能让孩子坚持下去，他们就会变得享受锻炼、渴望锻炼，并通过这些简单的锻炼改变生活。记住，本书提到的所有锻炼每天都能做，既安全又有效，更重要的是，它们还能让孩子对锻炼渴望和着迷：

1. 找一个孩子喜欢的榜样。比如说，有的孩子喜欢李小龙、成龙、李连杰这样的功夫明星。如果你知道他们喜欢谁，你就能通过榜样来鼓励他们运用营养搭配 8 原则。拿 Alex 来说，他的母亲说：“Alex，你知道吗？李小龙和其他所有功夫明星都在运用这 8 条简单而古老的营养搭配原则，以此来增强自己的身体素质。你想变得跟他们一样吗？”因此，Alex 背下了这些原则，并以某种方式运用了起来。

想想看：

- **你孩子的榜样是谁？**
- **为了把这本书里的知识教给孩子，你有什么好的示范方式吗？**
- **你该如何借助榜样的力量来教孩子们运动？**
- **你可以做孩子的健身教练吗？像做游戏一样带领孩子动起来。**

2. 一旦找到了影响孩子学习本书的方法，你就必须频繁地鼓励他们把注意力集中在自己的目标上。如果他们偏离了道路，不要立马提醒他们纠正自己的行为，而是要等待机会，在他们重新按照书中内容行动时表扬他们。

3. 先跟孩子一起运动起来，人们一起做同一件事情时，彼此之间的联系往往更加紧密。

4. 确保自己以尊重和享受的态度做每一件事。孩子很聪明，他们能洞察任何事情，知道你在做一件事时是不是发自内心，是不是已经用尽全力。如果你在跟孩子一起锻炼时做到了全身心投入，孩子们会更了解你，也会更崇拜你。

5. 在每次锻炼结束后，想办法称赞对方，这是加强人与人关系的重要方法。我经常推荐大家在运动结束后，用传统中医的手法给对方按摩放松，这是一种结束锻炼并加强家庭情感联系的好方法。

6. 在遵循本书内容进行锻炼的时候，你可以拿手机拍几张照片或拍一段视频。

7. 当一家人在某个地方等待的时候，你们可以做些游戏，比如看谁做平撑的时间最长，谁做蹲起的次数最多。如果一家人正在看电视，你可以鼓励家人在广告时间做做运动。

8. 制定一套运动家规，比如每周出门玩一些会让身体动起来的户外大冒险，或者在一周之内爬几次楼梯，绕着房子散几圈步。户外大冒险不只有徒步运动这一项，你还可以想些有创意的运动或需要全家人一起参与的运动游戏，甚至可以放几段音乐跳跳舞。

9. 规定全家人必须运动的日子。这就跟你必须安排时间吃饭一样，你也可以给运动留出时间而且这种安排必须常规化。

10. 检查你的厨房，看看厨房里的东西是否支持健康饮食。比如说，你的孩子能不能随手就从厨房里拿到瓜果蔬菜？他们能不能自己动手做出有益健康的食物？请确保糖果之类的高热量、低营养食物已经被清出视线之外。

11. 在每个房间都准备一些饮用水，并鼓励孩子们只喝水，不喝汽水饮料。

12. 选定几个健康食品主题夜，全家人聚在一起，吃一顿健康的晚饭，这将是一次不可思议的体验。如果你需要参考食谱和做法，可以在网站 www.4pointfitness.com 中寻找一些不错的饮食计划。

13. 家长必须努力参与并坚持这个过程。父母是孩子最好的榜样，对孩子来说，父母的行动往往比语言更具说服力。

在本章即将结束时，我想再讲一个令人印象深刻的故事，证明家庭运动的作用。

13 岁的小王在家排行老二，他有一个姐姐和一个弟弟。小王在学校学习很好，但却得了所谓的“运动恐惧症”。对于运动，他完全不感兴趣，就连看别人运动对他而言都十分无聊，据说他父亲在他这个年纪时也是这样。此外，小王情绪不好时会把自己独自一人关在屋子里，并愤怒地大喊。

当时，小王的父亲正跟着我做练习，有一天，他跟我说起了儿子：“今天我真的很难进行思考和感恩练习。”我问：“为什么？”他转过身来告诉我，他的心很乱，尽管他想办法拉近与儿子之间的距离，但两人却渐行渐远，他不知道儿子生气的时候应该怎么办。我说：“那就把他弄到这儿来，做几组平撑。”小王的父亲说：“别开玩笑了，我在他这个年纪时也是这个德行，也十分讨厌运动。”“那你现在怎么喜欢运动了？”“因为运动能让我找回自我，并对自己的身体有更多的理解。如你所言，我正在找回自己的核心和最佳状态，这种感觉棒极了。年轻的时候，我从来没把运动看得这么重要，我觉得运动就是为了练出肌肉而惩罚自己。而现在我明白了，运动关乎身体、心灵、营养、运动这四件事情，而运动在这四者之中反而是最不重要的。”我问他：“难道你不觉得小王也能从中获益吗？”那时，我仿佛看见了他的眼中闪过了一道光，嘴角也浮现出一丝微笑。

第二天，我请小王用几分钟时间过来看看，请他一起参加练习，然后用纸笔记录自己的父亲正在做什么。接着，我对他说："喔，你父亲真了不起，他都 60 岁了，却能跟年轻人一样平撑 10 分钟。"小王对此印象深刻，并把父亲做的所有练习都记了下来。接着，他开始与母亲、姐姐和弟弟谈论心态正确的重要性，也认为人应该跟着自己的心行动起来，并合理摄入营养，适量参加运动。不久之后，为了追上父亲，小王也开始运动了。

小王在很短的时间里就学会了如何控制自己的情绪。他说，他之前之所以忍不住生气，是因为有些人会做些使他愤怒的事情。我告诉他，作为普通人，我们都体验过愤怒的滋味，这点不能否认。接受它，由它去。他说，他已经找到了一种克服愤怒情绪的方法，那就是在愤怒的时候拿出手表，并测试一下自己能在一分钟内做多少个俯卧撑。小王告诉我："这是一种管理愤怒情绪的积极方法，在一分钟后，我通常会忘记自己究竟为什么愤怒。"

如今的小王已经把每周跟父亲锻炼 3 次视为一件大事，如果可能的话，父子俩还会动员全家人参与运动。这是一个美好的故事，它说明让孩子跟你一起锻炼会带来多么美好的结果。

11 CHAPTER

8周改变一生

名与身孰亲？身与货熟多？得与亡熟病？甚爱必大费；多藏必厚亡，知足不辱，知止不殆，可以长久。

——老子

恭喜你！你已经走到了这一步，我为你感到自豪！征途总是伴随着挑战，但请记住，挑战是大是小并不重要，重要的是你敢于面对它们，并坚持奋力前行。健康是完美生活的必需品，生活从来都不会一帆风顺、一片坦途。我们总是会遇到各种挑战，而我们能做的只有克服挑战，继续向前。

很多时候，人们运动、节食，却发现身体几乎没有什么变化，因为这些变化通常都是十分微小的，而这也是我坚持让你在开始锻炼前和结束锻炼后给自己拍照的原因。你看不出自己每天发生了什么变化，那是因为你每天都能看到自己，但是照片能记录你从第1周到第8周发生的变化。如果你一直跟着锻炼计划做下去，你就能发现身体发生了一系列细微的变化，例如你的衣服变松了，皮肤变好了，精力更充足了，感觉更棒了；

你可能变得更加愿意选择有益身体的食物，体力也更加充足了，以前爬一层楼梯就得喘个不停，但现在却能轻松地上好几层楼……这些都是巨大的进步，你已经走过了很长一段路，取得了很大的成就。

无论是通过写日记还是使用手机应用，记录自己的进步是一件十分重要的事情，一旦开始记录，你就能对自己进行管理，可以从记录中发现什么对你是积极有效的。比如说，许多人对锻炼和食物的看法发生了改变，大部分人意识到他们在吃东西时不必吃到饱，而是吃到满足就够了；有人同样喜欢上了新鲜的蔬果汁，也乐于接受我推荐的进食量；还有人发现自己做平撑的时间越来越长，以前只能坚持 15 秒，现在已经能轻松地坚持 2 分钟了，觉得身体变得越来越好了。

接下来怎么办？

好了，健身计划已经走到尾声，你应该问问自己："接下来怎么办？我在接下来的生活中该如何继续这种锻炼？"既然你已经做出了一些改变，那就继续保持现在的健康新生活吧。请感受一下你现在的状态，思考以下 3 个选择可能带给你的好处：

1. 开始另一轮 8 周健身计划，这很简单，因为你已经完成过一轮计划了。
2. 进入下一阶段。
3. 保持现在的状态，这是保住之前所有辛苦付出的最低条件。

选择 1：开始另一轮 8 周健身计划。在完成了这轮健身计划后，你可以重新开始新一轮的 8 周健身计划。由于前一轮计划已经把你的思想、营养和锻炼基础带到了新的高度，所以新一轮计划会让你觉得更容易。更重要的是，你的思想认识已经得到了提升，这将有助于你把锻炼培养为终生习惯，进一步提升对锻炼的认识。

选择 2：进入下一阶段。如果你选择了这个选项，可以上网加入我们的团体，或购买我的下一本新书。

选择 3：保持现在的状态。如果你什么都不想做，至少可以浏览 www.4pointfitness.com，看看你能做些什么伸展运动。无论是车上、家里、办公室还是其他任何地方，你都能完成这些伸展运动，所以没有任何不做这些运动的借口。请记住一点，我们中的大部分人都会因为不够灵活而受伤，这也是为什么有些动作年轻的时候做没事，年纪大的时候做就会受伤的原因。每天做做伸展运动有助于保持你的灵活性。这些伸展运动同样是帮助你从伤病中恢复过来的好方法，但这取决于伤情的严重程度，你应该在做任何运动前咨询医生的意见。

如果你想保持现在的状态，那么你至少应该做到：

坚持锻炼：为了保持基本的健康水平，你每周至少锻炼 5 天，这是最低限度。你每周只需花 5 天时间做 8 分钟练习即可，每周锻炼的总时间加起来也不过 40 分钟而已。每周有 168 小时，而你只要花 40 分钟就能保持基本的健康水平，这只占到了每周总时间的 0.5%，简直是微不足道。如果你每天能花 30 ~ 60 分钟散散步那就更好了，跟全家人一起锻炼也是个不错的选择。

坚持健康饮食：每天吃两顿健康的饭，喝 3 杯鲜榨蔬果汁和 3 升水。如果你做到了这些，那第三顿饭你就可以适量喝一杯红葡萄酒，或者吃一小块黑巧克力。你必须这样做才能保持已经取得的健康成果，这些都只是最低限度的要求而已。我还是建议你继续开展下一轮健身计划，这样才能变得越来越健康。

需要注意的是，如果你已经完成了健身计划，那身体也就得到了清理，这意味着你可能会不适应之前经常吃的一些食物。这并不是坏事，它仅仅代表你已经把身体解放了出来，使其免受超重、乏力等困扰。你以前喜欢的一些食物可能会使你的身体失去平衡，而你现在的身体可能再也无法适应它们了，其实摆脱它们也是一件好事。

在与客户交流的过程中，我发现他们通常会提出一些问题，以下是我对这些问题的解答：

01 我太忙了，难以坚持锻炼。

如果你是个忙碌的人，那你可能经常说：“我现在根本做不了这些。”记住，你现在要做的是保持住已经取得的成果，所以不必有此担心。要想达到这个目的，你每天只需做 8 分钟练习即可，这并不难。每个人都会受到习惯的驱使，跟随习惯不断重复地做着同一件事，所以你需要把锻炼变成一种习惯，让它成为你日常生活的一部分。如果你每天能够坚持锻炼，周日还能想到喝上一杯新鲜的蔬果汁，那这就足够保持你已经取得的喜人成果了。

02 我要出去陪客户吃饭。

我的几个客户告诉我，他们每天晚上都要出去陪客户吃饭，没法坚持锻炼。他们没法告诉客户："对不起，我正在参加某种特殊的锻炼，所以我在招待你时没法跟你吃同样的食物。"在我看来，这恐怕只是一个借口而已。你应该停止给自己找借口，反而应该推动自己不断取得进步，让自己变得越来越健康。你不可能每顿饭都陪着客户吃，那就确保每天至少能有两顿饭是遵守营养搭配 8 原则的。

03 如果室外污染太厉害，无法锻炼了怎么办？

针对任何城市的污染问题，我这里有 8 个小技巧可供参考。

1）如果要在污染严重的时候到户外散步，你可以给自己准备一个口罩，缓解空气污染造成的影响。口罩应挑选 Respro、3M、N95、MSA 等牌子。

2）本书提到的练习都可在家中完成，你可以买一个空气净化器，改善室内空气质量。

3）如果购买空气净化器超出了你的预算，你可以在房间里放置大量绿植，抵消空气污染带来的负面影响。绿植还能营造出一种健康的氛围。

4）大量饮水，净化身体。

5）洗涤用水的水质非常重要。我经常建议人们在水龙头上安装过滤器，减少皮肤接触到的化学品。市场上有很多种过滤器，你可以选反渗透式过滤器，也可以

选活性炭过滤器。

6）如果你觉得室内空气已经非常糟糕，甚至到了让人感到胸闷的地步，而你又不得不在户外步行或骑车，我建议你一定要勤洗澡，这是最简单也最便宜的方法。在锻炼结束后洗个澡不仅能清洁皮肤，经过过滤的水蒸气在吸入体内后还能帮助你清理肺部。

7）蒸桑拿有助于排出体内毒素。

8）多吃柠檬和生姜。人们几千年来一直使用这两种富含药用价值的食物清理体内系统。

04 我喝不到新鲜蔬果汁。

如果你没法喝到或制作新鲜蔬果汁，那至少喝 3.5 升水，水是仅次于鲜榨蔬果汁的好东西。不要喝那种市面上的纸盒装果汁，这类果汁已经经过巴氏消毒，里面都是防腐剂。

05 受伤后无法运动该怎么办?

只要看了本书，你就能明白，运动是追求健康的最后一步。如果你受伤了，那就耐心等待身体复原，征求医生的许可后再运动。与此同时，你仍然可以做些思考练习，并遵守营养搭配 8 原则，这么做能让你在精神和营养层面上朝着正确的方向前进，还能加快你身体恢复的速度。如果你吃得不好，伤势就会加重，身体恢复的速度也会变慢。

06 我在饮食方面没跟上进度，有几天吃错东西了怎么办？

首先你要明白，没跟上进度是正常现象，你只需重新运用营养搭配 8 原则即可。在遵守营养搭配 8 原则时，一定要给自己留一天作为“轻松时间”，在这一天，你能吃任何你喜欢的食物，完全不必在意营养搭配原则。这种方式能让你放松一下，但在放松之后，你应该继续遵守营养搭配的原则。我给你打个简单的比方：就算你不喜欢自己的工作，最终还是得在工作日照常上班，想休息也得等到节假日才行，而大部分人的工作日和节假日都是固定的。营养搭配也是同理。你应该在工作日坚持营养搭配 8 原则，然后在周末挑一天作为“轻松时间”，吃一块苹果派。

07 我如何在出差旅行时遵循本书提到的原则？

本书提到的原则和运动能在任何时间、任何地点进行，这意味着你不该有不执行它们的借口。就算真有无法执行的情况，你也应该保证自己每天至少喝 3.5 升水(保持水分)，每天至少吃两顿蒸煮蔬菜，并保证每天晚上 7 ~ 9 小时的高质量睡眠。

08 在家庭聚会时，我应该遵循礼节吃所有食物。

跟着家人出去吃大餐也是不得不遵守的文化传统，遇到这种情况该怎么办？

如果你没能做好计划，那你只会失败。你应该聪明地学会未雨绸缪，提前规划，随时准备一些健康的小零食，比如苹果、生杏仁或任何营养表上列出来的零食。如果你不得不吃一些不健康的食物，那你也可以先拿健康的食物垫一下肚子，这样你就不会吃下太多不健康的食物了。在许多文化中，拒绝食物是一种粗鲁的行为，但我也并没有让你拒绝任何食物，你可以先拿健康小零食垫完肚子后再尝一尝别的食物，只是不要吃太多。请记住最重要的一点，做出决定的人是你而不是其他任何人。

如果你做出了有利于健康的决定，那你就能感觉更好。

09 我喜欢喝酒，还听说喝酒对身体有益，请问喝酒是否会影响健康？

请记住，喝酒终归不是一件好事。当然，红酒已被证明是有益健康的，因为它能减轻人们的压力，压力减少，你自然也会更加健康。然而，如果你从来没喝过酒，突然有一天听说一天一杯红酒有益健康，那我只能说还是别喝酒，喝酒对你没好处。这个问题的答案取决于每个人的实际情况，然而从身体健康和心理健康两个角度出发，酒精对你而言都没什么好处，所以最好还是不喝酒。

10 如果家里只有我一个人想要锻炼，我该怎么办？

你不能强迫任何人做他不想做的事情。就像甘地曾经说过的那样，首先成为榜样，然后激励他人改变自己。举个例子，那些参加了我课程的父母改变了自己，所以他们的孩子们全都跟着发生了改变。在向其他人说教前，不如先改变自己，让本书中的原则成为你生活的一部分。

11 如果我想做更多练习，应该怎么做？

你可以买我的下一本新书，或者在网站 www.4pointfitness.com 下载符合你个人需求的计划。你可以每个月在锻炼计划中尝试增加一个新的运动方式，也可以像前文提到的那样调换自己的运动顺序，甚至自己想几个新的运动方式，或者上我的网站找找。请记住，如果想要取得不同的结果，你需要做不同的事情，这意味着你应该改变运动方式。改变运动内容能避免你的身体太过安逸，但千万不要频繁改变运动方式，你可以先改变其中某个运动的持续时间和强度，以取得更好的效果。

比如说，你可以尝试不间断地完成 8 分钟练习，中途不休息。你可以把每个运动做满 30 秒，在 8 分钟时间里做完 16 个运动，然后尽可能地多做几轮这样的运动。

12 如果我想吃点儿别的东西时，暂时不想遵守营养搭配的原则该怎么办？

要发挥意志的作用。很多时候，我们光顾着填饱肚子，却忘记体验吃到嘴里的食物究竟是什么味道。有时候，你可能也会想吃些垃圾食品，但此时你更需要记住我在本书中提到的这些原则。这样一来，你就会注意自己放进嘴里的东西到底是什么，也会更加注意品尝食物的味道，获得更多的满足，因为你对吃有了更多关注，而不仅仅只是往嘴里塞东西而已。如果第一次你没能成功抵制诱惑，那就尝试再尝试。

13 如果我在适应了健身计划后重新恢复了旧习惯怎么办？

这又回到了前文提到的“轻松时间”话题。你应该确保自己有放松的时间，确保自己不会对追求健康感到厌倦。你应该体验一下健康的感觉是多么美妙，这样你就更能记得不健康的时候是什么样子。

14 我压力太大，没法按照你在书里说的放松方法来让自己放轻松，怎么办？

你可以登录我的网站或打开手机应用，观看两分钟感恩和冥想视频指导，这些指导能助你重新找回自我。

15 在掌握了书里的所有内容后，我怎样才能坚持锻炼？

我想再次声明，能掌握这本书中的所有内容是一个了不起的成就，其中的一些原则对你而言将会是终生受益的。你可以每过 3 个月就重新调整本书各项原则的重要程度，这样能给你的生活带来些许变化；你还可以歇一周，然后重新开始 8 周锻炼计划。无论如何，你每年都必须做一遍 8 周锻炼计划，上文还提到了 3 个供你在完成锻炼计划后参考的选择。

如果你还想提出更多问题，欢迎登录我的网站或打开手机应用提问，我很乐意回答这些提问。

最后的故事

我想用一个中国男孩的故事作为本书的结尾。这个男孩叫张亮，因为体型太胖，各门功课成绩不佳，所以他在学校总是受到欺负，每个人都觉得他拖累了整个班级。张亮发现，因为体型太胖，他在课堂上做什么都很难。事实上，他处于一个非常不健康的状态，而且从来没有锻炼过，这导致参加任何课堂活动对他而言都是不可能的任务。他不断尝试着努力，但最后一切的付出都化为了羞耻的泪水。

在看见张亮后，我把他拉到一边，把我在这本书中与你分享的各项原则告诉了他。我还向他预言，如果运用了这些原则，他的生活将会发生怎样的改变。一听说要做运动，张亮立马哭了起来。他告诉我："我对自己现在的状态感到羞耻，我讨厌自己的一切，我不能让别人知道我正在做什么。"我对张亮说，他首先应该改变对自己外貌的看法，然后再开始改造自己。那时，他才 14 岁，但身高已经到了 1 米 83，体重也达到了 120 千克。他说，他想让自己的身材变得跟成龙一样，我对他说，如果你能按照这本书里的每一条要求做下去，最后你能得到的可不仅仅只有成龙的身材，而他当时完全不敢相信自己听到的这些话。

最后，张亮还是接受了挑战，开始按照书里说的每一条原则做。在一年多的时间里，他瘦了 30 多千克，他还加入了学校田径队，参加了 400 米、800 米、1500 米和 3000 米的跑步比赛。其实张亮的参赛目标只是完成赛程而已，但他最后还是取得了不错的成绩。他跑得一次比一次快，越来越多的人受到了他的鼓舞，谁能想象在一年之前，这个 14 岁的孩子就算是跑 100 米也会累得气喘吁吁。

一年后，我再次偶遇张亮，他交给我一封信。他在把信给我的时候是这么说的："教练，我希望你能读一下这封信，因为你教给我的东西太多了，我完全不知道该从何说起，所以我写下了这封信。"以下是他给我的信：

"尊敬的教练，您改变了我的生活。当您第一次找到我，并说只要我愿意往前迈几步，您就能改变我的人生时，我完全不敢相信。那时的我完全没有自信，甚至好几次产生了轻生的念头而您教给我的，不仅仅只有几条简单的原则而已。

从您的教诲中，我发现很多问题都是我自己一手造成的，我要做的第一件事就是改变自己的想法。我发现营养搭配原则不只是培养简单的饮食习惯那么简单，它的目的是实现终生的健康。我现在喜欢上了每一样吃进嘴里的食物，也明白身体应该吃什么才能保持健康。我明白了如何运动以及运动的重要性。我很感谢您教给我的简单运动方法，它们让我的生活重新焕发了光彩。这些运动随时随地都能进行，我完全没有逃避它们的借口，而之前，我讨厌任何与运动相关的事物，觉得自己就是一块大肥肉，就算别人嘲笑我、辱骂我，我也毫无办法。现在，我觉得自己无所不能。我的下一个目标是参军，参加所有跑步比赛。

在一年之前，我根本想不到今天会写下这么一封信，并感到如此快乐。我感觉自己已经无人能挡！您教授的思考、营养和健身之道让我重新找回了自己的生活，我永远感谢您！谢谢！"

张亮的言语充满了力量，这些话同样也改变了我的生活。赠人玫瑰，手有余香。当你改变了别人的生活后，他们的改变也会成为更多人的激励。我写这本书的目的是让你知道，我很尊敬抽出时间读完这本书，并乐意接受指导的你。如果你想要继续锻炼下去，我愿意用 110% 的精力来支持你。

你可以通过我的网站或应用来与我联系，把你的故事告诉我，也许与你的相遇将会成为我将来人生的一大幸事。我之所以这么做，是因为我关心你，我希望你能健康下去，希望你能享受最好的人生，得到超过你能想象的一切。我真诚地希望你能坚持锻炼下去，感受到无限的快乐和健康。前进的路上总有荆棘，但你已经跟着这本书走了这么远，我相信你接下来也将无所不能。如果你遇到了任何问题，只需回到起点，我会在那里等着你。

图书在版编目(CIP)数据

超体能健身 / (英) 尼克尔森著；李哲峰译．-- 长春：吉林科学技术出版社，2015.11

ISBN 978-7-5384-9886-8

Ⅰ．①超… Ⅱ．①尼… ②李… Ⅲ．①健身运动—基本知识 Ⅳ．① G883

中国版本图书馆 CIP 数据核字（2015）第 233556 号

超体能健身

作　　者　(英) 托尼·尼克尔森　著
出 版 人　李　梁
选题策划　阳光博客
责任编辑　孟　波　张　卓
封面设计　阳光博客
开　　本　710mm × 1000mm　1/16
字　　数　130 千字
印　　张　8.25
印　　数　1—20000 册
版　　次　2015 年 11 月第 1 版
印　　次　2015 年 11 月第 1 次印刷

出　　版　吉林科学技术出版社
发　　行　吉林科学技术出版社
地　　址　长春市人民大街 4646 号
邮　　编　130021
发行部电话 / 传真　0431-85677817　85635177　85651759
85651628　85600611　85670016
储运部电话　0431-84612872
编辑部电话　0431-85635185
网　　址　www.jlstp.net
印　　刷　北京美图印务有限公司

书　　号　ISBN 978-7-5384-9886-8
定　　价　42.00 元
如有印装质量问题可寄出版社调换